CRIMÉE — ITALIE

NOTES ET CORRESPONDANCES

DE CAMPAGNE

DU GÉNÉRAL DE WIMPFFEN

Publiées par H. GALLI

PARIS
11, Place Saint-André-des-Arts

LIMOGES
46, Nouvelle Route d'Aixe, 46

HENRI CHARLES-LAVAUZELLE
LIBRAIRE-ÉDITEUR

1892

Ouvrages Militaires du même Auteur

1806. — L'Armée française en Allemagne. (1 Volume.) — Chez GARNIER frères, éditeurs.

L'Allemagne en 1813. (1 Volume.) — Chez GARNIER frères, éditeurs.

NOTES ET CORRESPONDANCES

DE CAMPAGNE

DU GÉNÉRAL DE WIMPFFEN

CRIMÉE – ITALIE

NOTES ET CORRESPONDANCES

DE CAMPAGNE

DU GÉNÉRAL DE WIMPFFEN

Publiées par H. GALLI

PARIS
11, *Place Saint-André-des-Arts.*

LIMOGES
46, *Nouvelle Route d'Aixe*, 46.

IMPRIMERIE ET LIBRAIRIE MILITAIRES
HENRI CHARLES-LAVAUZELLE
Éditeur.

1892

PRÉFACE

Le général de Wimpffen, mort en 1884, a laissé de très curieuses notes longtemps inédites sur les campagnes auxquelles il a pris part en Afrique, en Crimée et en Italie. Nous n'avons pas à rappeler la vie du général. Notre ami Émile Corra a publié une étude très complète sur les principaux actes de cette carrière si brillante jusqu'au jour fatal de 1870 où M. de Wimpffen, par un triste hasard de la destinée, arrivé depuis trois jours d'Algérie et n'ayant pris aucune part aux premières opérations de la campagne, dut négocier la capitulation de Sedan.

Dans les pages que nous publions, rien ne fait encore prévoir les heures sombres du désastre. Officier distingué et plein de bravoure, tacticien maintes fois heureusement inspiré, administrateur habile, chef de corps attentif à la tenue, au moral, à la santé, à l'entraînement de ses hommes, soldat philosophe et observateur, il a consigné dans ses notes non seulement des souvenirs du champ de bataille, mais de précieux renseignements sur les hommes et sur les choses, dont il parle avec une sincérité absolue. En relation avec plusieurs maréchaux et généraux restés en France ou en Algérie pendant la campagne de Crimée, il leur adressait de longues lettres très précises et très détaillées, contenant des appréciations que les événements ont souvent justifiées. Nous publions aujourd'hui quelques-unes de ces lettres et des extraits du journal de campagne écrit au jour le jour pendant la campagne de 1854-1855, depuis la formation du régiment de tirailleurs algériens que M. de

Wimpffen commandait jusqu'après la prise de Sébastopol. Les tirailleurs comprenaient, aux premiers jours de 1854, trois bataillons, un bataillon par province. M. de Wimpffen, qui avait longtemps appartenu au bataillon d'Alger et qui, à cette époque, était à la tête du 13e de ligne, entreprit de composer un régiment de marche en faisant appel aux soldats indigènes des trois corps; il fut envoyé dans ce but à Alger, où, malgré des résistances obstinées, il réussit au delà même de ses espérances.

Le nouveau régiment fut promptement constitué à deux bataillons et prêt à être embarqué. Plus de deux mille tirailleurs avaient demandé à en faire partie. Pour la première fois, ils allaient s'éloigner de la terre d'Afrique et assister à des luttes bien différentes de celles d'Algérie. Plusieurs généraux s'étaient prononcés contre l'envoi des tirailleurs indigènes à l'armée d'Orient; ils déclaraient que ces soldats ne rendraient aucun service en Europe; qu'ils ne tiendraient pas en bataille rangée sous le feu puissant des bataillons et de l'artillerie, et que, si la campagne se prolongeait, ils seraient promptement découragés et impatients de rentrer en Algérie. Le colonel de Wimpffen n'en eut pas moins raison des objections des uns et des défiances des autres, et son nouveau régiment s'embarqua à la fin de mars 1854 pour Gallipoli.

« Il est bon que vous sachiez, disait M. de Wimpffen dans sa proclamation aux tirailleurs, que vous aurez à supporter le froid et toutes les misères, conséquences d'une rude guerre; que vous aurez à lutter contre de nombreux et braves soldats pourvus de beaucoup de canons. Je suis convaincu que l'idée de souffrir, de vaincre et de mourir pour soutenir vos frères en religion ne fait qu'enflammer vos courages... »

Dans les premiers jours de mai, les tirailleurs furent employés aux fortifications de Bou-Daïr. Le 7 juin, le régiment, appelé à faire partie de la 2e division (général Bosquet), 1re brigade (général d'Autemarre), reçut l'ordre de se rendre à Andrinople et de là à Varna. Les Arabes, en qualité de musulmans, furent très bien reçus par les Turcs. Installés sur un plateau en avant de Varna, les tirailleurs se firent remarquer par leur discipline. La brigade d'Autemarre, composée de ce régiment, du 3e zouaves et du 50e de ligne, prit part à l'expédition dans la Dombrutcha et fut décimée par le choléra. Les tirailleurs ne perdirent que quelques hommes et rendirent de tels services comme infirmiers auxiliaires attachés aux ambulances que le général fit décerner des récompenses à plusieurs soldats du régiment algérien. Rentrés à Varna, embarqués plus tard pour la Crimée au nombre de douze cents, ils allaient enfin se trouver pour la première fois sur un vrai champ de bataille, en face d'une armée européenne. A l'Alma, dignes émules des zouaves, il les suivirent à l'assaut des hauteurs. Bien que tenus longtemps en réserve, ils gardèrent un magnifique sang-froid sous le feu de vingt-deux pièces russes. Le soir de la bataille, le général de Wimpffen savait qu'il pourrait, dans toutes les circonstances, compter sur ses tirailleurs.

Pendant la durée du siège de Sébastopol, le régiment non seulement prit part aux rudes travaux de la tranchée, aux corvées pénibles et supporta vaillamment les rigueurs d'un hiver terrible, mais il fut engagé dans toutes les affaires importantes. Le 5 novembre, à Inkermann, ses hommes furent admirables de bravoure et d'entrain. Le général de Wimpffen a laissé de cette journée un récit émouvant.

Lorsque le général Canrobert fit appel au dévouement de

l'armée et forma des corps de francs-tireurs, un grand nombre de tirailleurs se présentèrent comme volontaires. Ils excellaient dans cette guerre de reconnaissances hardies, de surprises et d'embuscades.

M. de Wimpffen, promu général le 7 juin 1855, céda le commandement au colonel Rose, mais il conservait dans sa brigade et sous ses ordres le régiment qu'il avait formé et qu'il avait eu l'honneur de conduire le premier au feu en Crimée. A la tête de ces vaillantes troupes, il enleva le Mamelon Vert.

Le 15 juin, le général Bosquet reçut le commandement du corps d'armée établi sur la Tchernaïa. La 2e division le suivit. Le 16 août, le régiment de tirailleurs défendit héroïquement les positions qu'il occupait contre les attaques de l'armée russe et poursuivit l'ennemi jusqu'à la rivière.

Enfin, le 6 septembre, la brigade Wimpffen reçut l'ordre de quitter son camp de la Tchernaïa pour se trouver, le 7 au point du jour, de garde dans les tranchées devant Malakoff. Les tirailleurs assistèrent à cette lutte gigantesque des canons français contre les retranchements ennemis.

Le 8 septembre, vers 9 heures du matin, la brigade fut relevée par les troupes désignées pour l'attaque. En quittant leurs lignes, les tirailleurs disaient avec orgueil à leurs camarades : « Nous sortons des tranchées, mais pour vous suivre à l'assaut ! »

A midi, les troupes s'élancent, les retranchements ennemis sont enlevés à la baïonnette. Des tirailleurs, avec le 3e zouaves et le 50e de ligne, défendent contre les retours offensifs de l'ennemi la gorge de Malakoff.

Pendant la lutte, la poudrière de la Courtine saute et

ensevelit un grand nombre d'hommes sous ses décombres. Une douzaine de tirailleurs sont tués ou brûlés. Les Russes se précipitent et veulent, à la faveur du désarroi produit par l'explosion, reprendre les positions perdues; mais deux lieutenants du régiment de tirailleurs, MM. Meynart et de Boyne, entraînent leurs hommes et arrêtent l'ennemi. Le lieutenant-colonel Roques donne l'exemple : il saisit un gabion et fait jeter par ses hommes des sacs de terre, des matériaux de toutes sortes sur le chemin encore ouvert. Bientôt ce sanglant passage est fermé, et les Russes battent définitivement en retraite.

Le Livre d'or des tirailleurs algériens cite un grand nombre d'exploits accomplis en cette glorieuse journée par des soldats du régiment, qui eut plus de trois cents hommes, dont seize officiers, tués ou blessés. Toute la nuit, les tirailleurs laissés sur la position, conquise au prix de tant de sacrifices, assistèrent au spectacle saisissant de Sébastopol incendié. Les magasins de poudre faisaient explosion, lançant en l'air des gerbes de fusées, de boulets et d'obus. Le régiment ne quitta Màlakoff que le 9 au matin.

Il eut encore sa part de gloire dans les derniers combats livrés en Crimée, après la prise de Sébastopol, et suivit l'expédition dirigée contre Kinburn. Il rentra en Algérie en 1856.

Le général de Wimpffen pouvait triompher à bon droit. Il avait eu raison du parti pris et de la malveillance des uns et de l'ignorance des autres. Que restait-il des objections opposées aux projets de l'ex-colonel du régiment algérien au début de la campagne? On ne pouvait plus mettre en doute les services que les Arabes étaient appelés à rendre en cas de guerre européenne.

Les exploits des tirailleurs en Crimée, à Inkermann, au

Mamelon Vert, à Malakoff, prouvèrent que leur chef ne s'était pas trompé et que les braves indigènes étaient aptes à combattre ailleurs qu'en Algérie, même contre des troupes régulières. Leur ancien colonel pouvait à bon droit s'enorgueillir, dans les lettres écrites par lui devant Sébastopol, de n'avoir pas douté un seul instant de la force de résistance de ses braves soldats. Après l'expérience décisive de la campagne de Crimée, l'opposition qui s'était manifestée en 1854 contre l'organisation de régiments de tirailleurs algériens fut réduite au silence, et nous devons à l'énergie et à la ténacité de Wimpffen la formation de ces corps vaillants qui, depuis, se sont illustrés en Italie, au Mexique, en Cochinchine, en France et au Tonkin.

Les notes du général rappelleront aussi les jours de gloire, les jours de triomphe que les revers de l'année terrible ne doivent pas nous faire oublier. D'autres récits du siège de Sébastopol ont été publiés; ils témoignent de l'entrain et de l'admirable confiance de l'armée qui supporte sans se plaindre tant de misères. Personne ne doutait alors que la victoire ne fût à jamais fixée sous nos drapeaux. Les *Commentaires d'un soldat*, de Paul de Molènes, le *Journal humoristique d'un artilleur devant Sébastopol*, ont déjà retracé l'existence du soldat dans les camps sous la neige et dans la tranchée. Les souvenirs du général de Wimpffen, plus sérieux, écrits par un officier auquel ses occupations et ses responsabilités laissaient moins le temps de se préoccuper du côté pittoresque de la guerre, compléteront cette série de récits militaires écrits par des témoins oculaires et parfois indiqueront avec une étonnante clairvoyance quelques-unes des causes de nos défaites futures.

H. Galli.

CRIMÉE

CRIMÉE

I

Les débuts de la guerre.

Formation du régiment de tirailleurs algériens. — Le départ. — Gallipoli. Varna. — Le prince Napoléon. — L'Alma. — Mort de Saint-Arnaud.

Coléah, 14 mars 1854.

Je passe colonel du corps que je viens de former ; il sera composé de deux bataillons. Le bataillon de Constantine, le moins nombreux, fusionnera avec ceux d'Alger et d'Oran. Cette mesure suscite des résistances qu'il me va falloir vaincre.

Après ma lettre datée de Constantine, j'ai pris la route d'Alger en passant par Bône. En arrivant dans cette ville, j'ai été reçu par les capitaines Buchot et Van Domber. Je passai avec eux la journée, et le soir, le bateau à vapeur me portait à Alger. De là je me rends à Coléah, où se concentre ma troupe. Je m'en occupe activement ainsi que de moi-même.

. . . .

Je monte à cheval et me rends à Blidah pour voir le général Camou, commandant la division ; de là, je vais porter mon travail d'organisation au gouverneur. Le 16, je repassai à Blidah pour m'entendre avec l'intendance, de là à Coléah, où j'ai près de deux mille hommes à façonner à mon commandement. Ce qui me donne le plus de peine, comme toujours, ce sont les officiers. J'espère cependant arriver à une solide organisation grâce à la bonne volonté des indigènes officiers et soldats.

17 mars 1854.

Je suis actuellement à la tête de deux mille beaux tirailleurs; les officiers français me causent de l'ennui comme par le passé. M. Martineau des Chenez voulait rester chef de corps et n'avoir d'autres rapports avec moi que ceux d'un colonel avec son général de brigade. MM. les capitaines tel et tel ne voulaient point faire partie du régiment.

J'en renvoie deux, je donne à un troisième à opter : rester à sa compagnie ou être mis en réforme.

M. Martineau a cédé après avoir été inutilement réclamer au général Camou, en présence du colonel Bourbaki, qui lui disait avec une rude franchise : « Si, sous prétexte de rester chef de corps, tu es renvoyé à Oran, on dira de toi que tu as eu peur de prendre part à une rude campagne. » Il se soumit (mais ne cessa de faire une opposition gênante durant une grande partie de notre guerre). Personne ne voulait être major, capitaine trésorier : nous sommes venus à vous pour faire usage de nos épées et non pour manier une plume, me disait-on. Je vais prendre quelques pauvres diables, leur promettre de les en récompenser, pour mettre à jour les écritures du corps.

Mon commandement ne me laisse point le moindre repos, il faut que je pense à tout; cependant, il est si beau de commander à des soldats qu'on sait manier que je ne tiens aucun compte de mes ennuis.

6 avril 1854.

Je viens de faire embarquer quinze cents hommes sur l'*Ulloa* et le *Labrador*, je monte sur le second de ces bâtiments. Il restera à m'arriver à peu près six cents hommes Un bateau remorqué par le *Labrador* porte une partie. des chevaux et mulets du régiment. En montant à bord, le commandant me fait observer qu'il craint de n'avoir point, pour mes musulmans, une suffisante quantité de café en remplacement de vin, et qu'il verra à leur faire délivrer de la viande fumée au lieu de lard. Je le tire d'inquiétude en l'assurant que mes soldats en temps de guerre étaient autorisés par leurs préceptes religieux à boire et manger toute nourriture ou liquide les maintenant en santé et en force.

Afin de l'en convaincre, j'en appelai aux officiers indigènes qui déclarèrent que leurs subordonnés ne manifestaient aucune répulsion pour le lard et le vin.

Les distributions furent donc faites comme pour les matelots et soldats français.

15 avril 1854.

Nous sommes arrivés devant Gallipoli; après une magnifique traversée, nous venons de débarquer et sommes installés près de la ville turque. Trois ou quatre mille hommes y sont déjà campés, et le nombre en augmente à chaque instant. Quinze cents tirailleurs sont avec moi, et six cents, laissés à Alger, ne tarderont pas à les rejoindre.

Les troupes anglaises commencent à débarquer, et notre réunion va présenter un curieux assemblage : costumes rouges, tenue écossaise, habits bleus, noirs, vêtements arabes.

La plage de Gallipoli est assez mal disposée pour un débarquement, et les bateaux plats, surtout pour chevaux, sont trop peu nombreux, ce qui cause des retards dans les déchargements. Nos chevaux sont menacés de rester encore trois ou quatre jours à bord, ce dont je suis contrarié pour eux et pour moi, l'emplacement destiné à ma troupe étant au moins à une lieue de la ville. La localité, comme toutes celles sous la domination turque, offre peu de ressources;

cependant on y trouve des cafés, et celui qui est le plus à la mode est tenu par un Français, venu à la suite des premières troupes débarquées : c'est M. Biron, cafetier à Blidah. Cet homme récolte pas mal d'argent et se prodigue pour satisfaire à tous nos besoins. Je me porte bien et n'ai pas encore eu de désagréments de la part de mes indigènes ; j'espère que cela continuera. Mes hommes sont logés sous de grandes tentes françaises ou turques ; ils ne sont donc pas mal à terre, bien garantis contre les intempéries, ce qui est nécessaire, car il fait très froid.

30 avril.

Nous sommes accablés de petits papiers durant la fin de mars et tout le courant d'avril :

Proclamations apprenant que non seulement la France et l'Angleterre assuraient l'appui de leurs armes à un empire iniquement attaqué par la Russie, mais encore avec l'approbation du reste de l'Europe ; mesures concernant l'installation des troupes ; indication du quartier général par le drapeau tricolore ; du chef d'état-major général par un fanion bleu avec étoile rouge ; de la 1re division par un fanion bleu ; de la 2e division par un fanion rouge ; de la 3e division par un fanion jaune ; du quartier général de la cavalerie par un fanion bleu et jonquille ; règlements sur la remonte, sur l'emploi de la balle Nesler ; sur les situations à fournir ; sur le service de l'intendance, du génie, de l'artillerie ; on nous avertit qu'en marche, les états-majors généraux auront seuls droit à des transports roulants.

Le colonel Adam est nommé commandant de place à Gallipoli ; le général Bosquet envoyé en mission à Constantinople.

13 avril : Honneurs à rendre au prince Napoléon, commandant la 3e division, lors de son arrivée ; distribution

d'eau-de-vie en raison du froid; distribution de viande salée à laisser tremper durant sept heures dans l'eau fraîche, lorsque le pays abonde en troupeaux; distributions irrégulières de fourrage, tantôt insuffisant, tantôt abondant; précautions mal prises par un corps administratif qu'on vante trop.

30 avril : Revue générale des troupes par le maréchal de Saint-Arnaud ; remise d'un drapeau aux tirailleurs.

Nos troupes étaient placées en amphithéâtre sur des dunes, entre la mer de Marmara et un emplacement nommé le camp du Cresson. Au moment de la remise du drapeau, je montais un jeune cheval arabe un peu ombrageux, peu habitué au bruit des armes. Lorsque je prononçai dans le haut de la voix les commandements de porter les armes et de présenter les armes il se mit sur les pieds de derrière; le drapeau que je tenais de la main gauche, agité, le fit se renverser sur moi, près de lui; c'était heureusement sur le sable. Je me relevai promptement et me remis en selle; je prononçai un petit discours de circonstance très apprécié par mes indigènes.

11 mai 1854.

Nous sommes toujours au camp de la Grande-Rivière. Le maréchal Saint-Arnaud, le prince Napoléon, le général anglais de Cambridge, n'ont fait que passer ici et se sont rendus à Constantinople. Le général Bosquet, de retour de son voyage des bords du Danube, fait un grand éloge des troupes turques. Elles travaillent constamment aux manœuvres, le soldat est très discipliné, les bons officiers sont rares. Les troupes qui doivent augmenter notre armée, même celles qui sont appelées à compléter les trois premières divisions, arrivent lentement. Je trouve que la marine n'a pas d'activité dans son service.

L'administration de l'armée est déplorable. Les grands

états-majors et même ceux des brigades sont amplement pourvus ; il n'en est pas de même de l'ordinaire des régiments.

18 mai 1854.

Les trois divisions dont les principaux éléments se trouvent ici ne sont pas encore au complet. Il semble difficile que nous puissions entreprendre de sérieuses opérations avant deux mois. Je crains que nous n'ayons à assister qu'à la défaite des braves troupes turques et qu'il nous faille simplement nous employer à faire accepter à leurs gouvernants des conditions contribuant à ruiner leur nation en Europe. Nous attendons le maréchal. On annonce la concentration de nos forces à Varna, mais personne n'a encore bougé. Nous continuons à confectionner la ligne fortifiée voisine de Gallipoli. Les Anglais commencent à s'installer à Scutari et même à Constantinople, comme s'ils devaient y faire un séjour prolongé. Cette nation, plus pratique que la nôtre, paraît, en cas de défaite de nos alliés, vouloir s'assurer des points les plus importants de la Turquie. En dehors des travaux que nous continuerons jusqu'au jour de notre départ, nous passons notre temps en exercices, en revues, bref, en l'accomplissement de tous les services de l'existence militaire au camp.

30 mai.

Nous commençons à nous mouvoir : la 3e division, celle du prince, se rend à Constantinople ; la 1re brigade de la 1re division (général Canrobert) s'embarque demain pour Varna ; la 2e brigade suivra la même voie ; quant à la 2e division, dont je fais partie, elle se rendra à Varna par terre, ce dont je suis enchanté, un de mes désirs étant de bien me rendre compte de l'état de ce pays et par conséquent de sa population.

L'armée, c'est-à-dire les trois divisions, formeront un corps de trente-six mille combattants ; quinze ou vingt mille Anglais s'y adjoindront. L'effectif des Turcs sera de soixante à soixante-dix mille hommes.

Les trois corps disposeront d'environ trois cents pièces d'artillerie. La cavalerie est peu considérable et composée de cuirassiers, dragons et chasseurs d'Afrique. La France va prendre à sa solde cinquante mille bachi-bouzouks, placés sous les ordres du général Yusuf. Je doute que ce dernier fasse d'une bande de pillards une troupe utile. J'en ai vu quelques-uns, de nos singuliers auxiliaires, et on ne peut rien imaginer de plus grotesque et en même temps d'aspect plus indiscipliné ; les officiers placés à leur tête auront fort à faire. Enfin, nous allons entrer en ligne !

Les renseignements généraux peuvent se résumer ainsi :

1° Ordre aux chefs de corps de fournir un itinéraire de leurs marches, de faire filtrer l'eau destinée à la boisson, de se procurer les outils nécessaires pour améliorer les routes que l'armée doit suivre ;

2° Ordre de faire deux fois par semaine des marches militaires, bagages chargés, comme si l'on manœuvrait en face l'ennemi, en ne laissant au campement que les cuisiniers ; faire huit kilomètres en avant, installer les troupes, se reposer et rentrer ensuite au bivouac.

. . . .

10 août.

Nous sommes à notre camp d'Eni-Keng près Varna, et l'état sanitaire s'est grandement amélioré. La 1re division, non encore réunie, a été, hélas ! éprouvée d'une façon affreuse. Un grand nombre d'officiers ont succombé et le 27e de ligne particulièrement en a perdu de huit à dix. Ce régiment est commandé par mon ex-chef de bataillon, le colonel Vergé, brave de sa personne, avec résignation à la façon des Turcs, mais sans ce stimulant qui relève le moral d'une troupe. L'état-major de la 1re division a perdu aussi deux capitaines dont mon brave et bon ami Clapel et le chef d'escadron de Lerbasse, un de mes camarades d'école. Enfin la mort a promené largement sa faux sur notre armée et sur les troupes anglaises. Le choléra et les fièvres nous ont fait plus de mal que n'en causera une grosse bataille.

30 août.

Nous nous embarquons demain ; nous ne débarquerons en Crimée que le 6 ou le 7 septembre. L'armée française fournira vingt-six mille hommes, les Anglais quinze mille et les Turcs dix mille.

Aussitôt notre débarquement opéré ou après un premier succès, la flotte ira prendre à Varna ce qui reste de troupes disponibles. Notre effectif s'élèvera, après leur arrivée, à quatre-vingt mille hommes environ.

L'opération est des plus audacieuses. Quant à moi, j'ai douze cents soldats déterminés, de braves officiers, et j'espère qu'on aura à se féliciter de mes tirailleurs. Je ferai, comme toujours, rigoureusement et sagement mon devoir. Mes tirailleurs et trois cents zouaves sont à bord du *Friedland*, vaisseau de cent vingt canons. Les bâtiments peuvent d'abord s'approcher de la côte et au besoin labourer la plage de leurs boulets. Une embarcation doit ensuite aborder ; ils planteront des drapeaux pour indiquer à la flotte les points de débarquement ; alors toutes les troupes descendront dans des barques et chalands et se rendront aux postes indiqués. On a l'intention de toucher terre à l'embouchure d'une rivière nommée Katcha. Les Anglais descendront près de la rive droite, et nous près de la gauche, cette rivière étant facilement franchissable en la saison. La plage y est d'un abord facile, les collines qui en sont voisines seront immédiatement occupées par nos divisions.

3 septembre.

Je suis à bord du *Friedland*, vaisseau de cent vingt canons. Nous nous trouvons trois mille hommes, mille d'équipage et deux mille de troupes de terre. La flotte est entièrement réunie, il ne manque plus que des bâtiments anglais qui se font trop attendre. Un vent d'est qui vient de s'élever est contraire à notre marche sur la Crimée et des gens de mauvais augure prétendent qu'il peut durer quinze jours. S'il en devait être ainsi, notre expédition serait manquée et il nous faudrait redescendre à Varna ou aller faire une promenade en Asie. Il est étonnant de voir combien est nombreuse la catégorie d'individus voyant tout en noir et croyant avoir dans leur cerveau des combinaisons meilleures que celles arrêtées par le général en chef. Ses compagnons les plus intimes sont ceux qui l'assomment le plus de leurs conseils et mettent le plus de persistance à faire prédominer leur manière de voir. Saint-Arnaud, s'appuyant sur mon bras lors de l'incendie, me disait :

— Mon cher Wimpffen, vous commanderez probablement un jour une armée ; évitez, croyez-moi, d'y admettre comme seconds certains de vos amis se croyant presque autant de droits que vous-même ; ils ne vous épargnent aucun ennui, ils sont un obstacle plutôt qu'une aide à vos déterminations.

Je me préoccupe peu de tout ce qui se débite autour de moi, n'étant qu'un exécutant de second ordre. Tous mes hommes, à quelques exceptions près, jouissent d'une excellente santé. Leur état contraste singulièrement avec celui du reste de l'armée.

. . . .

16 septembre.

Le 12 septembre seulement, nous apercevons la côte de Crimée. La traversée a été relativement longue. Le 13, nous cinglons vers Eupatoria. Le colonel Trochu fut envoyé comme parlementaire au commandant de la place. Il fut reçu par un major russe qui reconnut toute résistance impossible.

Celui-ci ajouta qu'il fournirait, si on l'exigeait, la farine que pourraient moudre les moulins de la localité. Or, il existe près de quarante à cinquante moulins, voisins de la ville et situés au bord de la mer. Ces dispositions si pacifiques amusèrent beaucoup notre monde. Mais on ne crut pas nécessaire d'occuper Eupatoria, soit à cause de son peu d'importance, soit afin de ne pas diviser nos forces. Durant notre mouillage sur ce point, nous fûmes informés que l'ennemi était concentré auprès des cours d'eaux d'Ulema et de la Katcha et qu'il s'y trouvait de trente à quarante mille hommes et d'assez nombreuses batteries ; la résolution fut alors prise de débarquer à environ six lieues plus au nord, non loin d'un beau village éloigné d'une heure environ de la mer.

A 1 heure de la nuit, nous levions l'ancre pour nous rapprocher du rivage où nous devions toucher terre ; à 5 heures, les bâtiments prenaient leur ordre de bataille, les frégates en batterie.

Le temps était magnifique, la mer unie comme une glace, et pas l'ombre d'un Russe à l'horizon. Tous les chalands et bateaux propres aux transports avaient été mis à la mer dans la nuit, de manière à charger personnel et matériel au point du jour. Quelques marins, montés dans des barques, allèrent placer de grands drapeaux sur les points de débarquement, pour indiquer les endroits où devaient atterrir les divers corps.

Cette difficile opération se fit comme par enchantement,

quarante mille hommes étaient en ligne à 5 heures du soir et tous nous touchions le sol avec bonheur et confiance.

Si cinq ou six mille ennemis un peu abrités avaient attendu le débarquement de nos premiers détachements, et s'étaient précipités sur eux après les avoir ébranlés par une vive fusillade, ils auraient pu nous faire beaucoup de mal et ralentir notre descente à terre, et ce retard sur une côte soumise à tous les vents pouvait faire échouer notre première opération. Nous avons donc eu à nous féliciter de l'inertie des Russes et mieux encore de l'audace heureuse du maréchal Saint-Arnaud. Le débarquement, commencé le 14, a continué le lendemain; mais le vent s'étant élevé dès le 15 au matin, on n'a pu agir qu'avec la plus grande prudence. On continue, aujourd'hui 16, à mettre à terre le matériel; demain nous irons camper à l'Ulema; nous pensons y avoir une affaire d'avant-garde. Le 17, nous serons sans doute à la Katcha où, d'après nos suppositions, nous livrerons bataille. Nous pensons que les Russes disposent en Crimée de soixante à soixante dix mille hommes répartis en deux corps. Nous avons cinquante à cinquante-sept mille soldats, ce qui peut nous permettre, si nous agissons rapidement, d'avoir la supériorité du nombre. Notre artillerie est excellente. Quant à nos officiers et soldats, la plupart aguerris par les campagnes d'Afrique, ils sont animés du plus bel entrain et ne doutent pas de la victoire.

21 septembre 1854.

Nous avons livré bataille hier 20 septembre, et mes tirailleurs, placés l'arme au pied, en butte aux projectiles des canons russes, les ont vus arriver à eux sans broncher. Vingt et un hommes, dont un officier, ont eu bras, jambes ou têtes emportés, et si l'on ne s'était pas décidé à mettre mon régiment dans un pli du terrain, j'aurais eu deux ou trois cents hommes au moins touchés par des projectiles.

Les Russes s'étaient placés sur des positions très abruptes; nous les avons abordés sur plusieurs points. La 2e division, dont je fais partie, a été la première engagée et, pendant deux heures, j'ai vu et entendu plus de boulets passer près de moi que je n'ai entendu de sifflements de balles dans bien des affaires en Afrique. J'avais mis mes soldats à l'abri, mais j'avais tenu à ne pas faire de même et pour cause. Durant notre voyage en Turquie, le colonel du 50e de ligne, qui réclamait sa mise à la retraite au moment de l'embarquement pour la Crimée, nous disait :

— Nous les verrons, ces bataillons d'Afrique, lorsqu'ils seront en face du canon !

Cet officier avait pris part aux dernières campagnes de l'Empire comme tambour-major. Je lui répondis :

— Si nous avons peur à notre première épreuve, nous nous habituerons comme les anciens aux boulets et à la mitraille.

On a vu nos bataillons hier et ils ont fait bonne contenance.

25 septembre.

Je prévoyais un prochain combat. L'ennemi a pu battre en retraite tranquillement et se réorganiser; mais aucune rencontre n'a eu lieu. Nous comprenons difficilement qu'on n'ait pas poursuivi les Russes l'épée dans les reins dans la soirée du 20 septembre. Nous manquions, il est vrai, de cavalerie; mais nos généraux auraient pu se rappeler que les troupes d'Afrique étaient suffisamment vigoureuses et entraînées pour achever la déroute de l'ennemi.

Les Russes se sont bravement battus ; leurs généraux se sont montrés médiocres.

Nous sommes restés sur place le 21 et le 22, beaucoup

de nos hommes étaient occupés à ensevelir les morts et à porter les blessés aux ambulances.

Le 23, nous nous mîmes en route pour la Katcha, en marchant en ordre de bataille. Nous traversâmes une jolie vallée, une rivière aux berges assez difficiles et des collines boisées susceptibles d'une bonne défense. Le campement s'établit sans qu'un seul ennemi se fût montré.

Nous pensâmes alors que nous trouverions les Russes à la Bolbec, rivière presque dominée par les forts de Sébastopol en se rapprochant de la mer et dont les pentes sont rudes ainsi qu'élevées, de plus couvertes de bois ou broussailles. Les nouvelles étant que l'ennemi avait concentré ses moyens d'action vers la mer, nous prîmes le parti de nous enfoncer un peu dans le pays, de tourner complètement les positions russes et d'aller sur Sébastopol dans la direction de la ville et de son port, en négligeant ainsi la citadelle. Les Russes durent se rendre compte de notre mouvement et ne crurent pas pouvoir l'inquiéter. Notre marche par petits paquets — la Bolbec étant infranchissable, si ce n'est sur un ou deux ponts très resserrés — offrait cependant à l'ennemi une bonne occasion de nous combattre avec avantage. Il n'avait qu'à répartir de nombreux tirailleurs dans une vallée étroite, couverte d'arbres et de broussailles, et à placer de l'artillerie au sommet des berges pour nous infliger des pertes sérieuses. Là encore, les généraux russes n'ont pas été à la hauteur de leur mission, ou avaient bien peu de confiance dans leurs troupes. On prétend qu'elles ont perdu sept mille hommes à la bataille de l'Alma; en y ajoutant les soldats restés dans des villages ou ayant suivi diverses directions, leurs généraux pouvaient encore disposer d'un effectif de trente à trente-cinq mille combattants, force suffisante pour lutter avec avantage à la Bolbec. Leur impuissance à entraver nos marches était de bon augure. Nous ne vîmes en fait de Russes, dans cette journée, que trois ou quatre déserteurs qui nous confirmèrent dans le découragement général causé par notre rapide victoire du 20.

Les généraux Mentchikoff et Korchakoff avaient eu la sottise de rabaisser beaucoup notre valeur et d'annoncer comme certaine notre défaite. La déception a été d'autant plus grande.

Les Anglais ont perdu beaucoup plus de monde que nous à la bataille du 20. Ils se portent en effet à l'ennemi comme ils manœuvrent sur le terrain d'exercice, et laissent à leurs adversaires tout le temps d'user contre eux de leurs avantages. En courant au-devant du danger, nous atténuons de beaucoup l'effet de la défense, même bien préparée.

27 septembre.

Le 26, nous nous sommes installés sur les bords d'un canal se déversant dans les bassins du Carénage. L'armée anglaise, toujours prévoyante, s'est établie aussi confortablement que possible à Balaklava, où seront conduits tous nos malades et nos blessés. Nous marcherons demain sur Sébastopol. Le point d'attaque sera reconnu. On présume que la ville sera enlevée après sept ou huit jours de tranchée. Nos généraux sont persuadés que nous entrerons dans la place le 15 octobre au plus tard.

28 septembre.

Saint-Arnaud est mort, quittant la vie après une victoire. Le dernier bulletin de notre maréchal, nous faisant ses adieux, nous apprenait qu'il laissait ses troupes au général Canrobert, que nous connaissions comme ardent au combat, séduisant de sa personne à la façon de Murat, d'un accueil toujours agréable, mais dont la capacité comme chef suprême est un peu mise en doute par ses compagnons ayant participé à nos opérations de guerre en Afrique. Les événements qui vont survenir nous apprendront quelle est exactement sa valeur. Saint-Arnaud, à toutes les époques de son existence, s'est montré à la hauteur des rôles qu'il avait à remplir. Colonel, commandant à Orléansville, on lui reprochait d'avoir encaissé le produit de razzias; ce qui est certain, c'est qu'il avait toujours sa bourse ouverte pour venir en aide aux officiers dans le besoin et qu'il n'a jamais rien économisé. Les localités où s'exerçait son autorité sortaient de l'atonie où il les trouvait; il savait faire surgir un théâtre, trouver des acteurs, et tous les habitants ainsi que la troupe étaient heureux de cette distraction. Les routes, les plantations y prenaient de rapides développements; enfin, il n'y avait qu'une voix pour exalter ses mérites. Envoyé à Blida, il procédait à la création de plusieurs villages peuplés de déclassés n'entendant rien à la culture des terres. Grâce aux soldats et aux indigènes, sous l'impulsion habile du général, le pays se transforma et beaucoup de ces déclassés devinrent de bons colons.

On sait le rôle joué le 2 décembre par Saint-Arnaud, que le général Fleury avait réussi à rallier au prince-président. Il sut, comme ministre de la guerre, préparer le coup d'Etat de telle façon, qu'il surprit tous ses adversaires et rendit à peu près nulle la résistance (1).

Je suis d'autant mieux à mon aise pour faire l'éloge de Saint-Arnaud général, qu'en 1848, je m'étais montré fort hostile à Louis-Napoléon, et que, plus tard, je votai contre le rétablissement de l'Empire. Mais, en 1851, le nombre était restreint de ceux qui pensaient comme moi dans l'armée et même dans la population civile. On était fatigué et écœuré des comédies et des avortements du parlementarisme, impuissant à rien fonder.

(1) Nous nous ferions scrupule de modifier en quoi que ce soit les notes du général de Wimpffen, mais nous lui laissons toute la responsabilité de son jugement sur le Saint-Arnaud du coup d'Etat.

II

Devant Sébastopol.

Premières opérations du siège. — Installation au camp. — L'intendance. — Premier bombardement. — Ordre du général Canrobert. — Echec de notre artillerie. — Lettre au maréchal Magnan. — Balaklava. — En réserve. — Les racontars du bivouac.

28 septembre.

Nous avons fait la reconnaissance de la place à assiéger et du plateau que les armées doivent occuper. Notre position, aux pentes extérieures assez abruptes, offre la possibilité de résister avec avantage à des ennemis venant de la Tchernaïa et de la plaine en avant de Balaklava ; certains travaux défensifs compléteront notre sécurité. Ce que nous avons entrevu de Sébastopol a fait surgir dans l'esprit de beaucoup d'entre nous l'idée que nous aurions pu nous en emparer de vive force ; mais un conseil de guerre, composé de tous les gros bonnets, en ayant jugé autrement et décidé une attaque selon les règles de Vauban, nous nous inclinons. Nos habitudes africaines, qui sont d'aborder positions et villages sans tenir compte des difficultés et des ennemis, ne sont peut-être pas de saison. Cependant nous avons vu que Sébastopol a de grands espaces sans remparts, et la troupe doit y être bien démoralisée. Nous avons un port et nous l'ignorions complètement avant notre reconnaissance : j'avoue que j'ai honte de notre ignorance géographique. Kamiesh vaut presque Balaklava, où les Anglais vont régner sans partage.

29 septembre.

Notre armée est divisée en deux fractions : l'une destinée anx travaux du siège, l'autre à les protéger contre un retour offensif possible de l'armée russe considérablement renforcée. Mon régiment fait partie de la seconde fraction. Notre tâche sera rude, étant donné que nous avons à surveiller une très grande étendue de terrain.

La santé des troupes est bonne. Le temps continue à être beau. Nous n'avons encore subi que deux averses depuis notre débarquement en Crimée. Tout irait donc pour le mieux si le service des vivres n'était fait déplorablement. Officiers supérieurs ou inférieurs et soldats, nous en sommes réduits à boire de l'eau et à nous contenter d'une ration de mauvaise viande salée. Les hôpitaux, les états-majors et naturellement les intendants ont seuls de la viande fraîche.

La contrée que nous occupons est belle et riche. De nombreux châteaux et villas s'élèvent autour de Sébastopol. On trouve dans ces habitations beaucoup de confortable et de luxe; glaces, fauteuils, canapés, chambres, boudoirs, salles de bains, etc., etc. Les personnes qui habitaient ces belles habitations ont laissé des preuves écrites de leurs instructions. On y a trouvé des lettres de femmes rédigées en russe, en allemand, en français surtout. Les habitations seigneuriales ont été complètement dévalisées pour améliorer nos modestes ressources. Ces pauvres comtesses ou princesses ne retrouveront même pas le plus petit miroir pour refléter leurs traits....

Je viens d'apprendre que toutes les troupes laissées à Varna nous rejoignent.

La marine, jugeant qu'elle n'a à redouter aucune attaque sur mer, donne à l'armée de terre non seulement des canons, mais les Anglais six mille marins et les Français deux mille. Nos forces seront donc, dans huit ou dix jours : marins, huit mille; Turcs, dix mille; Anglais, trente mille; Français, quarante à quarante-cinq mille ; environ quatre-vingt-dix mille combattants.

5 octobre.

Depuis le 1er, nous nous remuons comme le ferait une fourmilière pour organiser nos installations, pour répartir nos approvisionnements et constituer nos premiers travaux offensifs et défensifs. Nos soldats, à l'état de bêtes de somme, portent, de Kamiesh au camp, projectiles de toutes sortes, caisses vides et gabions, sacs à terre, caisses et sacs remplis de vivres. Ils manient la pelle et la pioche. Nos ennemis montrent une égale activité. On les voit en manches de chemises, creusant des fossés, élevant des terres-pleins là où il n'y avait pas de remparts ; nous allons assez près de la ville, en explorateurs, et ils ne nous tirent ni un coup de fusil ni un coup de canon, tant ils sont occupés. Nous devinons qu'à l'intérieur ils préparent des batteries. Ces préparatifs nous rendent soucieux et nous font pressentir une lutte plus sérieuse que si, après la bataille de l'Alma, nous avions pris d'assaut une ville presque entièrement dépourvue de défenses du côté de la terre. Nos troupes montrent un entrain qu'on ne peut trop admirer ; du reste les officiers donnent l'exemple. On est comme pressé d'en finir avec Sébastopol, qui nous servirait d'abri durant l'hiver si nous devions attendre le printemps en Crimée.

8 octobre.

Diverses reconnaissances ont été tentées par les Russes. Le 7, mes avant-postes me signalaient un mouvement opéré dans la direction de Balaklava, où deux mille cavaliers environ cherchaient à attirer en avant les bataillons anglais. Ils avaient dissimulé trois bataillons, espérant ainsi jouer un mauvais tour à nos alliés. Mais ceux-ci, très circonspects, se sont contentés de répondre à l'avance qui leur était faite par l'envoi de quelques obus. A 9 heures, les troupes ennemies se retiraient et rentraient à Sébastopol. Nous ne commencerons les opérations d'attaque contre la ville que dans quatre ou cinq jours; nos préparatifs se font avec trop de lenteur, ce qui permet à nos ennemis de mieux préparer leur défense.

10 octobre.

Nous continuons à avancer lentement. Nos batteries de siège ne seront en mesure de canonner la place que vers le 15 au plus tôt; d'autre part, nous avons à remercier l'ennemi : il nous a laissés singulièrement tranquilles. Cependant il commence à tirer quelques coups sur nos tranchées anglaises et françaises.

Nous en éprouvons peu de mal. Dans quelques jours il en sera peut-être autrement. Nous n'avons aucune nouvelle de l'armée russe. Je pense que si elle était en mesure de se montrer, elle ne nous laisserait pas autant en repos. Nous souhaitons qu'elle ne se présente à nous qu'une fois la ville prise; nous pourrons même au besoin aller la chercher en rase campagne, si elle ne veut pas nous entraîner trop loin, car les moyens de transport nous manquent et nous trouverions un pays dépourvu de toutes ressources.

En ce moment, notre situation matérielle est meilleure. Nous avons du vin et quelques légumes, le tout à des prix incroyables.

Mon effectif s'est augmenté de cinq cents hommes laissés à Varna, lors du départ pour la Crimée. Une douzaine de nos tirailleurs, lancés dans le pays, sont revenus sans accidents et pourvus d'utiles renseignements. Je viens d'en lancer d'autres, ce soir, qui ne rentreront que dans deux jours; je fais des vœux pour qu'il ne leur arrive pas malheur. En obtenant de ma troupe chaque jour de nouveaux et sérieux services, j'arriverai à la faire apprécier et à lui faire rendre justice.

16 octobre 1854.

Nous recevions, le 16 pour le 17, l'ordre suivant du quartier général :

« Demain matin 17 du courant, vers 6 h. 1/2, au signal de trois bombes qui seront tirées coup sur coup de la batterie des mortiers, le feu de toutes les batteries de terre des armées alliées et de tous les vaisseaux des trois flottes sera ouvert contre la place de Sébastopol. Comme il importe d'être en mesure de profiter des accidents favorables que cette foudroyante canonnade peut nous présenter, et qu'il importe, en outre, d'être prêt à faire face aux éventualités qui pourraient survenir de l'extérieur, le général commandant en chef prescrit les mesures suivantes : Au moment où le feu commencera, toutes les troupes devront être sous les armes, dans chacune des trois divisions du corps de siège, les compagnies du centre ou celles désignées pour les corps qui n'en ont pas resteront en bataille. Les compagnies d'élite, parmi lesquelles sont compris les zouaves et les chasseurs à pied de 1re classe, seront formées en colonne par peloton à la droite de chaque brigade. Les tentes resteront debout et les sacs seront prêts à être placés sur les épaules des hommes. La soupe du matin aura dû être mangée et les petits bidons remplis d'eau. La cuisine des escouades continuera à se faire. M. le général commandant le génie de l'armée fera préparer des échelles, des madriers, des planches, des fascines, quelques pétards, qui seront destinés à suivre les compagnies des sapeurs du génie qui marcheront au besoin en tête des compagnies d'élite de chaque colonne d'attaque. M. le général commandant l'artillerie de l'armée fera préparer un détachement de pontonniers munis d'outils et accessoires nécessaires pour franchir les obstacles, et qui marcheront avec les sapeurs du génie. Les troupes du corps de siège ainsi disposées attendront les ordres du général en chef. Le général de division commandant le corps de siège se tiendra de sa personne, un pas en avant de son quartier général actuel. Les troupes du corps d'observation seront également sous les armes. Le général commandant ce corps fera occuper les retranchements principaux, surtout ceux armés déjà d'artillerie. Il renforcera, dès le premier bruit de la canonnade, ses grand'gardes et se tiendra habituellement de sa personne, sur la crête, entre le col de la route de Balaklava et le Télégraphe.

» La 1re division d'infanterie, détachée momentanément du corps de siège, aura sa 1re brigade en arrière de la droite de ce corps, et sa 2e brigade entre la maison du quartier général anglais et le camp de la cavalerie, prête à se porter, au besoin, soit sur la place, soit sur l'ennemi extérieur. Cette brigade emportera, par exception, ses tentes et ses bagages. La cavalerie aura ses chevaux sellés et prêts à être bridés. Hommes et chevaux devront avoir pris leur repas avant l'ouverture du feu. M. le général en chef se tiendra habituellement de sa personne à la maison dite du Ravin. M. l'intendant de l'armée prendra les dispositions convenables pour qu'une ambulance soit établie près de la maison dite du Génie.

» Les mesures concernant l'armée de terre étant ainsi réglées, les dispositions suivantes seront prises par M. le commandant Rigaut de Genouilly, pour les marins sous ses ordres.

» Tous les marins et canonniers seront naturellement à leurs batteries, et les marins des troupes destinées à protéger les travaux seront sous les armes à leur camp, prêts à prendre leur part des attaques qu'auraient à faire leurs camarades de l'armée de terre.

» Au quartier général, devant Sébastopol, le 16 octobre 1854.

» *Le Général commandant en chef,*

» CANROBERT. »

18 octobre 1854.

Hier 17 octobre, le feu des batteries françaises et anglaises a commencé à 6 heures et demie du matin ; celui de vingt-sept vaisseaux à midi. Les canons russes parvenaient avant 10 heures à forcer les nôtres à se taire ; ceux des Anglais, au contraire, tonnaient toute la journée ; ils faisaient sauter une poudrière russe et avec elle un coin de bastion. Les vaisseaux embossés en face des forts de la Quarantaine et du Goulet trouaient les murailles avec leurs projectiles et ne quittaient leurs postes qu'à la nuit. Je me demande comment nos ennemis ont pu résister à une pareille attaque qui doit recommencer aujourd'hui ; ils se sont montrés très habiles tireurs ; en cela surtout, ils nous ont été supérieurs. Nous avons commis la faute de trop concentrer nos pièces sur un petit espace, de telle sorte que d'attaquants nous sommes devenus attaqués ; les batteries des Russes, établies sur une plus grande étendue, ont pris de front et d'écharpe. Ils ont su nous cacher leurs dispositions en ne démasquant qu'au moment de la lutte l'ensemble de leurs travaux. Le terrain disposé par nous étant assez restreint, les poudrières de chaque batterie se sont trouvées trop rapprochées des pièces et de leurs remparts. Un obus ennemi, ayant pénétré dans un magasin, le fit sauter, les canonniers furent presque tous mis hors de combat, et cette partie de notre ouvrage se trouva en complet désarroi. Une seconde batterie eut le même sort, et une troisième, culbutée par les projectiles russes, fut aussi forcée de se taire; le général en chef prescrivit alors à la quatrième batterie de cesser son feu pour ne pas être seule en butte aux coups ennemis. La batterie des marins placée un peu en retour est la seule qui ait à peu près constamment tiré.

Les Russes ont probablement subi de grandes pertes, mais ce n'en est pas moins pour nous un échec.

La nuit a été employée à relever les batteries désorganisées et à en établir de nouvelles.

22 octobre.

Le canon continue à gronder de part et d'autre. Nous avançons lentement. L'ennemi se montre vigoureux, habile, au delà de ce qu'on pouvait supposer. Il a su promptement établir une série d'ouvrages qui se relient parfaitement aux anciennes fortifications de la place; les canons de 80, les mortiers qui les arment causent parmi nous de grands dégâts. Déjà plus de cinq cents hommes de notre côté sont tués ou blessés. Les Anglais en ont perdu environ trois cents.

Le feu des batteries françaises était à peine ouvert que les Russes ripostaient de façon à inspirer de sérieuses réflexions à nos officiers d'artillerie : en leur prouvant d'abord, que nous avions affaire à forte partie; ensuite, que nous n'avions pas assez pris nos précautions. Notre batterie n° 3 sautait à la suite de l'explosion de son magasin à poudre; ce malheur se produisait vers 8 heures, et à 10 la batterie n° 4 avait le même sort. L'ennemi, encouragé par ces accidents successifs, fit pleuvoir une grêle de projectiles qui déterminèrent notre général en chef à ordonner la cessation du feu.

La marine, à midi, vint s'embosser contre le fort de la Quarantaine et se retira le soir après avoir été assez maltraitée et sans être parvenue à réduire les batteries russes. Les Anglais tinrent bon toute la journée et n'eurent qu'à regretter l'explosion d'une voiture chargée de projectiles et qu'on traînait vers leurs batteries. La nuit du 17 et la journée du 18 furent employées par nous à réparer nos dégâts et à ouvrir de nouvelles tranchées, afin d'y placer de nouveaux canons. La batterie de la marine, qui porte le nom de l'amiral Bruat, a tenu le plus longtemps. Les Anglais, faisant feu sans interruption causèrent une explosion dans le redan sans tour et forcèrent l'autre redan à diminuer ses décharges. Le 19, notre grande batterie opéra avec grande vigueur, abattit une tour et endommagea des embrasures du corps de place. Les Anglais, malgré la même énergie, n'eurent rien à signaler. Le 21 encore une batterie fut endommagée chez nous par suite d'une explosion; nos alliés sont parvenus à incendier les bâtiments dits de la Corderie; le feu s'est éteint dans la soirée.

Le 22, nos nouvelles batteries et les anciennes opèrent avec beaucoup d'ensemble; notre supériorité devient très marquée; nous avons établi une série de mortiers qui lancent une grande quantité de bombes.

Les 4e et 5e divisions sont seules employées au siège, ainsi que la légion étrangère. La 1re et la 2e division forment l'armée de réserve qui n'a encore été occupée qu'à construire des redoutes et des redans destinés à arrêter l'armée ennemie, si elle nous attaque; mais à peine avons-nous eu affaire à quelques reconnaissances peu importantes. L'ennemi ne se montre pas.

23 octobre.

On reproche aux corps speciaux, à l'artillerie et au génie, de n'avoir pas été à la hauteur de leur mission. La rude leçon qu'ils viennent de recevoir ne leur donnera que plus d'ardeur pour réparer les fautes commises et hâter la chute de la place.

Le général Canrobert, qui aime fort les allocutions, parcourait, le jour du bombardement, les rangs des troupes appelées à prendre part à l'assaut, et partout il terminait ainsi ses discours : « *Si nous n'entrons pas par la porte,* eh bien ! » nous passerons par les fenêtres ! »

Malheureusement, l'artillerie ne nous a pas ouvert ces fenêtres. Les mots du général se répètent un peu partout dans nos bivouacs, parmi les officiers et les soldats, qui ne manquent jamais une occasion de plaisanter.

24 octobre.

Le 24 octobre, j'écris à M. le maréchal Magnan :

« Monsieur le Maréchal,

» Si depuis longtemps je ne vous ai point donné des nou-
» velles des armées alliées, de ceux qui les commandent et
» des opérations de la guerre, c'est que j'ai été longtemps
» aussi avant d'avoir à vous dire quelque chose digne de votre
» attention.

» Notre départ pour la Crimée, les événements qui vien-
» nent de s'y passer ne manquent point d'importance ; je vais
» chercher à faire succéder devant vous le plus rapidement
» possible mes appréciations sur nos opérations de guerre et
» sur nos principaux chefs.

» La marche exécutée dans la Dombrutcha a été malheu-
» reuse en ce qu'elle n'a pas présenté le moindre résultat
» balançant un peu les pertes que nous avons éprouvées.
» On attribue ce mouvement à plusieurs motifs : au désir
» d'éloigner nos troupes de localités où commençait à sévir
» le choléra, à celui de profiter d'un corps nouveau pour
» inquiéter les Russes jusqu'aux bouches du Danube ; enfin

» de détourner peut-être l'attention de nos ennemis des
» préparatifs concernant l'expédition de Crimée. On n'a point
» évité le choléra, et il s'y est joint une maladie tout aussi
» horrible du nom de huva wourouchou. Les spahis d'Orient
» n'ayant guère qu'un homme intelligent pour les former et
» les conduire, le général Yusuf, n'ont nullement rendu les
» services qu'on en espérait et leur suppression a été un acte
» de justice et de bonne administration. Les agents de la
» Russie n'ont point cessé un seul instant d'être au courant
» de ce qui se préméditait et se faisait à Varna. Nos divisions,
» rudement éprouvées, se remirent assez promptement une
» fois replacées dans leurs anciens bivouacs près de Varna, et
» l'incendie de cette ville vint prouver combien l'on pouvàit
» compter sur tous, car jour et nuit l'armée fut employée de
» la manière la plus active pour éteindre le feu. Un ins-
» tant, notre magasin à poudre avait ses murs léchés par les
» flammes et, en restant sur ce point, maréchal, généraux et
» chefs de corps y maintenaient les travailleurs, malgré quel-
» ques commencements de paniques. Enfin, la décision con-
» cernant l'expédition de la Crimée fut publiée et nous n'eû-
» mes plus de doute au sujet de cette entreprise dont beau-
» coup de gens semblaient redouter les conséquences. J'ai vu
» quelques généraux s'exprimer à ce sujet d'une façon peu
» convenable et de manière à porter le découragement dans
» les rangs de l'armée, si cela avait été possible. Il a fallu une
» volonté ferme à M. le maréchal pour résister aux préven-
» tions, aux craintes énoncées de tous côtés. La lenteur mise
» dans l'embarquement des troupes de la part des Anglais
» semblait encore devoir prolonger le temps laissé au gou-
» verneur de la Crimée pour réunir tous ses moyens d'action
» contre la descente de nos armées. Le ciel seul paraissait de
» notre côté, car les journées furent constamment belles et les
» vents favorables. Dans le but de presser le départ de la flotte
» anglaise, la nôtre avait mis à la voile; elle fut obligée de res-

» ter en panne, de tirer des bordées pour attendre messieurs » les Anglais. Les flottes combinées étant réunies le 11 août, » à la hauteur de l'île des Serpents, on prit la direction du cap » Baba, au nord de la rivière de la Katcha, point désigné » comme celui où devait s'opérer le débarquement. Dans l'an- » gle formé par ce cap et la côte sud de la Crimée se trouve » la ville d'Eupatoria dont la reddition vous est connue. M. le » colonel d'état-major Trochu, ayant été dans la place en par- » lementaire, y rencontra un major russe et quelques centaines » de malades. L'officier moscovite n'eut rien de plus pressé que » de se mettre à la disposition de l'autorité française et d'offrir » même de faire mettre en mouvement les quarante ou cin- » quante moulins répartis le long de la côte, qui auraient pu » fournir des farines à l'armée. On a beaucoup ri de cette » proposition, mais la ville d'Eupatoria fut laissée comme peu » importante et ne pouvant être d'aucune utilité dans nos » prochaines opérations. On dit qu'il y eut alors une dernière » réunion du conseil, où M. l'amiral anglais Dundas aurait fait » la plus violente proposition, et où M. l'amiral Hamelin, » tout en reconnaissant les difficultés de la descente, se décla- » rait favorable à l'entreprise.

» Des reconnaissances faites par les bateaux à vapeur » ayant constaté que la plage était très abordable et dépour- » vue d'ennemis, le débarquement commença le 15, à 6 » heures du matin. Nos vaisseaux étaient rangés en bataille, » tous les bateaux dehors. En un instant, on les vit glisser » sur la mer absolument calme et déposer nos soldats qui ne » rencontrèrent aucun ennemi. Le reste de l'armée et une » partie du matériel furent ainsi débarqués sans encombre. » Vous savez comment nous arrivâmes à l'armée russe et » quelles furent les dispositions prises.

» Le succès obtenu rapidement donne à croire que celles-ci » étaient les meilleures qu'on pût adopter, dans cette circons- » tance ; mais il ne faudrait pas en déduire qu'une attaque de

» front est une bonne manière d'opérer. Les Russes, convain-
» cus que nous chercherions à tourner leur aile droite pour
» la jeter à la mer, persuadés que les pentes sur la rive gau-
» che de l'Alma, plus raides près du rivage, devaient les pré-
» server de toute attaque de ce dernier côté, n'y laissèrent
» aucune troupe. Lorsque le mouvement de la 2e division, qui
» devait précéder celui du corps où se trouvait le maréchal,
» fut bien dessiné, et qu'elle approcha de la rivière, des offi-
» ciers russes furent, dit-on, en prévenir le général Mentchikoff
» qui les aurait très mal reçus, en les engageant à savoir, une
» autre fois, distinguer un mouvement simulé d'une attaque
» réelle. L'absence de toute troupe permit à la brigade d'Aute-
» marre, dont les tirailleurs algériens font partie, d'arriver
» sur le plateau et d'avancer par un terrain légèrement
» ondulé sur le flanc gauche de l'ennemi et même de le dé-
» border, afin de réparer leur faute et pour nous rejeter
» promptement dans la rivière. Avant l'arrivée de notre cen-
» tre, les Russes dégarnirent leur aile gauche de quatre,
» d'autres disent de cinq batteries ; ils pensaient ainsi pou-
» voir nous foudroyer et, ensuite, avoir le temps de reprendre
» leur première position. L'admirable lutte soutenue par notre
» artillerie, le sang-froid, l'ordre parfait de l'infanterie ne
» donnèrent aucune chance de réussite à cette supposition,
» d'autant plus que des plis de terrain permirent d'éviter le
» mal que devait faire la pluie de boulets lancés contre nous.
» La ligne de bataille du maréchal ayant commencé à aborder
» les Russes, leur artillerie abandonna la 2e division pour
» frapper de nouveaux adversaires. Alors, notre aile droite,
» satisfaite d'avoir si bien tenu et si peu souffert, se remit en
» marche, partie déployée, partie en colonne, et continua à
» déborder la gauche de l'ennemi. Celui-ci, forcé au centre,
» maltraité à gauche, menacé sur sa droite, a battu en retraite
» par une marche de flanc. On prétend que notre division
» ayant, pour l'appuyer, huit mille Turcs, aurait dû, en pré-

» sence du corps russe fort éprouvé, marcher rapidement en » avant. Notre chef, le général Bosquet, officier d'une grande » valeur, s'est peut-être trop montré officier d'artillerie du- » rant l'action et surtout au moment de la retraite. Le mou- » vement offensif de sa division, malgré le manque de cava- » lerie, aurait sans doute fait tomber entre nos mains de » nombreux soldats et des canons. Cette critique était vive- » ment formulée par les officiers de tirailleurs et de zouaves.

» Les Anglais ont attaqué leurs adversaires bravement, » mais avec toute la lenteur qui les caractérise. Enfin, Mon- » sieur le Maréchal, c'était pour les officiers et soldats français » la première grande bataille à laquelle ils prenaient part. Ils » ont prouvé qu'ils étaient dignes de leurs pères, qu'il ne » leur manque qu'un peu de savoir-faire. Cela nous viendra, » s'il plaît à Dieu. Les Russes nous présenteront bien encore » une ou deux fois l'occasion de les battre. Malgré notre » victoire, nous fûmes étonnés de ne plus rencontrer l'en- » nemi, surtout sur les collines qui bordent la rive gauche de » la Balbeck. Je crois qu'il y a peu de lignes aussi faciles à » défendre que celle-ci touchant aux forts de Sébastopol. Il » a fallu de la part des généraux russes et de leurs soldats » un découragement complet pour nous avoir laissés passer. » Deux jours après, nous étions à Balaklava. Ce petit port, » resserré entre de hautes montagnes, est remarquable par sa » profondeur. Des ruines assez considérables prouvent qu'en » d'autres temps il eut une certaine importance.

» Nos alliés ayant occupé Balaklava avant nous et en ayant » fait leur port de débarquement, nous avons choisi dans le » même but une petite crique au cap Chersonèse, en arrière » de nos lignes assiégeantes. Du 1er au 16 octobre, on a été » occupé à recevoir le matériel de siège, des vivres, etc.... » Dans les derniers jours, une tranchée était faite pour l'ins- » tallation de nos batteries. Vous savez quel a été le résultat » peu efficace de notre attaque par l'artillerie. Plusieurs pou-

» drières ont sauté, nos pièces ont été démontées et ont dû » cesser de tirer.

» Les Anglais doivent nous considérer comme prenant bien » mal nos précautions, puisqu'ils n'ont pas eu à subir d'ac- » cident de ce genre et qu'ils ont beaucoup moins souffert » que nous du feu de la place. Leurs batteries, mieux proté- » gées et bien servies, n'ont pas cessé de tirer.

» Les Russes ont un matériel immense, venant en grande » partie de leurs vaisseaux ; il leur permet de lutter, sinon à » leur avantage, du moins de manière à répondre avec activité » à nos premiers efforts. J'espère cependant que nous ne tar- » derons pas à les lasser, que nos obus et nos boulets » nous ayant ouvert quelques passages, nous pourrons nous » précipiter sur la ville et réduire complètement à rien ce » vaste magasin de canons et de poudres russes. La partie de » la place que nous attaquons était dépourvue d'ouvrages sé- » rieux ; mais ceux en terre qu'on a laissé élever depuis notre » débarquement et qui les complètent résistent mieux qu'on » ne le supposait. L'impossibilité dans laquelle nous nous » trouvons de cerner complètement la ville fait qu'elle peut » chaque jour évacuer ses malades, ses blessés et les remplacer » par des hommes frais. Ce renouvellement d'hommes ne con- » tribuera pas peu, je crois, à la résistance vigoureuse de nos » ennemis : nous n'en aurons que plus de gloire à les vaincre. » Je vous ai peu entretenu des hommes qui nous commandent, » parce que je me trouve rarement en rapport avec eux.

» Le maréchal est mort en donnant, jusqu'à sa dernière » heure, les plus grandes preuves d'énergie et d'entente » de la guerre. Ceux qui ont servi sous ses ordres doivent » vivement le regretter. Milord Raglan est une de ces belles » natures qui vieillissent lentement et dont la physionomie » respire une volonté droite, énergique. Il doit être un des » militaires capables de l'Angleterre, disposé à accepter bien » des choses, du moment où son pays doit en retirer profit et

» gloire. Je ne sais quels sont ses rapports avec notre général
» en chef, je les suppose excellents. M. Canrobert a un grand
» prestige auprès des troupes, on le sait toujours disposé à
» braver les plus grands dangers. Il nous reste à l'apprécier
» dans sa manière de conduire à bonne fin la tâche dont il
» est chargé. »

25 octobre.

En écrivant au maréchal Magnan, il m'est revenu à la mémoire certains détails familiers, certaines particularités sur le débarquement et sur la bataille de l'Alma.

Notre division, mise en marche de bonne heure et formant l'extrême droite de la ligne de bataille, s'approchait lentement de la petite rivière à traverser, paraissant se conformer à un mouvement général, lorsqu'elle reçut l'ordre de s'arrêter et de faire le café. Les Anglais n'étaient pas encore sortis de leur bivouac, ils avaient sans doute commencé la journée par un solide déjeuner et par l'apprêt de leur toilette. A l'ordre reçu nous formâmes les faisceaux et c'était réjouissant à voir nos soldats courant se procurer de l'eau et des broussailles pour la mettre en ébullition. Les officiers n'avaient rien apporté avec eux et furent invités par leurs soldats à boire le café et à casser un biscuit. C'était pour moi, tous les matins, une habitude consacrée; aussi les hommes de mon état-major vinrent m'en offrir dans une grande tasse en terre de pipe qu'on avait dû trouver le lendemain de notre débarquement. Les groupes desquels je voulais bien accepter une tasse de café étaient tous heureux de cette faveur. D'abord je les mettais au courant de ce que nous comptions exécuter dans la journée, puis de ce que j'attendais d'eux. Afin de prolonger la conversation, on m'offrait un siège, un sac, parfois une pierre bien choisie et placée de manière que le feu du bivouac ne pût me gêner. Ce matin, je fus reçus par mes intimes, ordonnances et planton. Notre conversation eut un peu la tournure de celle de Léonidas : « Mangeons gaiement, qui sait » où nous dinerons ce soir. » Je les plaisantais en leur disant que ceux d'entre eux qui succomberaient sur le champ de bataille iraient au septième ciel de Mohammed; leur réponse fut que je pouvais y aller avec eux en prononçant cette simple formule avec conviction : *Allah ou Allah, Mohammed' rassoul Allah!* Je me suis toujours peu préoccupé de notre existence future; cependant je pensais à ce moment que je préférais aller à leur paradis qu'au nôtre. Je ne vis plus chez mes soldats, ainsi que chez les zouaves mes voisins, aucune préoccupation au sujet de la lutte qui allait s'engager; il y avait chez eux de la curiosité et beaucoup d'ardeur.

Mis en marche de bonne heure, ce n'est qu'à midi que nous traversâmes le cours d'eau de l'Alma, nullement défendu et qui n'était pas un obstacle pour nos Africains, car les berges en sont peu élevées, faciles à descendre et à escalader. Une fois passées, les troupes se reformèrent, puis, à l'ordre donné, zouaves et tirailleurs mis en ligne escaladèrent à l'envi des pentes sans chemins, assez raides, mais qui ne devaient pas retarder la marche de gens habitués à courir sur les ardues montagnes africaines. Au sommet de nos monticules, sans avoir eu à subir la moindre résistance, on s'arrêta pour examiner ce qu'on avait devant soi et aussi pour reprendre les rangs. L'artillerie de notre division, stimulée par notre exemple, et parcourant en biais notre terrain, nous rejoignit et les canonniers, en se plaçant devant nous, nous criaient tout joyeux :

— Nous aussi, nous voilà.

Parmi eux, je distinguai un jeune et brillant maréchal des logis qui se montrait des plus surexcités, et qui, de la voix et du geste, stimulait les hommes de la première pièce. Il me vint en le voyant la pensée qu'il serait peut-être une des premières victimes dans la lutte que nous allions engager. Il fut, en effet, un des premiers tués par un boulet. Un instant après, un artilleur passait bravement devant nous en disant :

— Les gueux ne m'ont pas laissé une main à mon service. Il avait eu les deux mains broyées au moment où il allait charger sa pièce. En nous portant en avant, nous étions ainsi placés : les zouaves à droite et en colonne, les tirailleurs déployés ; derrière l'artillerie, à gauche, se trouvait le 50e de ligne, formé en colonne.

Ce régiment ayant reçu, au centre de la position qu'il occupait, deux ou trois projectiles, fut pris d'un vertige incroyable : celui de tourner en rond.

Des officiers étaient entraînés irrésistiblement dans le mouvement de plus en plus accentué.

Après quelques minutes de cette course sur place, rien de fâcheux n'étant survenu, la troupe s'arrêta, reprit son ordre, et, lorsque commença la marche en avant, le 50e opéra avec la même bravoure, la même solidité que le reste de la colonne.

Lorsque nous espérions aborder l'ennemi commençant son mouvement de retraite, on nous fit mettre l'arme au pied. Ce fut ainsi que nous assistâmes à la fin de la bataille. Mes tirailleurs étaient magnifiques avec leur turban blanc dont je leur avais dit d'orner leur tête, afin d'être bien remarqués par amis et ennemis, aimant à admirer leur fière prestance. Mais je m'étais promis de ne pas recommencer, les couleurs vives venant trop en aide à des rectifications de tir. Nous étions tous curieux de savoir comment se comporterait le prince Napoléon qui se trouvait à sa première affaire. On loue, sans exception, sa tenue durant toute la bataille, donnant ses ordres avec sang-froid et sans la moindre apparence d'émotion. Il se serait montré à hauteur de son grand commandement. Je ne l'ai jamais vu ; on m'assure qu'il est bienveillant et qu'il a beaucoup d'esprit.

26 octobre.

Les batteries anglaises ont constamment lutté presque sans pertes et ont causé de graves dégâts à nos ennemis, mais leurs tranchées et parallèles sont moins avancées. On assure que les Russes ont fait dans leurs villes des pertes considérables; j'ai tout lieu de le croire, car depuis dix jours nous faisons tomber sur eux une grêle de boulets, de bombes et de fusées qui ont dû toucher un peu à tout. Ce qui, du reste, le prouve, c'est que l'armée russe est enfin venue nous attaquer et placer son bivouac à une portée de canon du nôtre. Le 25 au matin, du côté de Balaklava, l'ennemi marchait contre de mauvaises redoutes, occupées par les Turcs et se dirigeait sur le port de Balaklava. Les Anglais, descendus de notre plateau, arrivèrent juste à point pour les recevoir par des feux qui les forcèrent à la retraite. Les généraux en chef ne jugèrent point à propos de faire réoccuper les redoutes, les trouvant trop éloignées de nos lignes, ce que les Russes ne manqueront point de signaler dans leurs bulletins comme un succès. La matinée aurait pu se clore heureusement, si on n'avait pas eu l'imprudence de lancer une portion de la cavalerie anglaise sur les lignes russes et de la précipiter sur vingt-cinq pièces de canon. Elles en chassa les canonniers et aurait pu, par une retraite rapide, revenir au camp presque sans accidents. Mais elle avait eu la folie de vouloir mettre sur leur arrière-train les pièces tombées en son pouvoir, afin de les emmener. Un instant de retard fut cause que l'infanterie, la cavalerie et l'artillerie russes, revenues de leur surprise, se précipitèrent sur ces glorieux fous tout en désordre et qui laissèrent cinq ou six cents des leurs sur le sanglant parcours. Les dragons anglais auraient peut-être tous été anéantis si nos braves chasseurs d'Afrique ne s'étaient à leur tour élancés sur l'infanterie tendant à leur fermer la voie de retour. Ce mouvement nous a coûté quinze chasseurs et deux officiers.

Le reste de l'armée française, gardant les positions, est restée spectatrice du combat.

27 octobre.

L'opération tentée par les Russes contre Balaklava mérite que certains détails ne soient pas complètement oubliés. Notre 2e division campée au sommet de la pente abrupte du plateau donnant sur la plaine en avant de la ville nous rendit les premiers témoins de la lutte entre nos ennemis et les Turcs. Ceux-ci avaient été placés sur trois petits monticules isolés les uns des autres et faisant face parallèlement aux hauteurs situées sur la rive droite du canal de la Tchernaïa. Les sommets de ces buttes étaient garnis pour toute défense d'ouvrages en terre sans fossé et de deux canons.

Le général Liprandi, s'étant rendu compte sans doute de cette mauvaise situation, lança, après une courte canonnade, sa cavalerie à l'assaut des ouvrages. Un brouillard intense nous cachait tout d'abord cette attaque ; nous ne distinguions que la lueur des coups de feu ; mais, peu à peu, le temps s'éclaircit ; nous vîmes une escalade brillamment exécutée par hommes et chevaux se ruant contre les malheureux Turcs trop peu nombreux pour faire une longue résistance.

De l'ouvrage le plus éloigné de nous, ils battaient en retraite vers le deuxième mamelon, puis vers le troisième, cherchant à se garer des coups de sabre et de lance. La route de Balaklava était ouverte aux Russes et, si l'ennemi s'était rapidement dirigé sur le port, c'en était fait sans doute des magasins et des approvisionnements de l'armée anglaise.

Nous assistions à ce spectable de notre plateau, fort inquiets de ce qui allait arriver, et nous regardions l'infanterie britannique se rendant au combat au pas ordinaire et nullement pressée de porter secours aux Turcs, dont nos alliés voyaient comme nous l'affreuse déroute.

Lorsque les Russes furent repoussés, personne ne comprit l'utilité de la charge ordonnée par l'état-major anglais, qui prouva sans doute l'ardeur et le courage admirables des officiers et des soldats de lord Raglan, mais qui eut pour résultat l'anéantissement de cette belle cavalerie. Pas un homme n'aurait échappé au massacre si nos chasseurs d'Afrique, habilement manœuvrés, n'avaient bouleversé les bataillons russes cherchant à fermer toute issue aux Anglais et forcé une partie de l'artillerie ennnemie à s'éloigner au plus vite, car les canonniers auraient été sabrés sur leurs pièces. Cette belle cavalerie française, échelonnée par escadrons à distance entière, sur de légers chevaux arabes animés par le bruit et l'odeur de la poudre, marchant comme à la manœuvre, nous offrit un spectacle que nous étions tentés d'applaudir. Arrivé à portée de l'ennemi, le premier échelon fournissait sa charge, et, par une conversion, se reportait en arrière de la colonne se remettre en ordre pour être prêt à recommencer une nouvelle attaque. Le deuxième escadron, puis ceux qui suivirent, manœuvrèrent de même et arrivèrent ainsi, par coups successifs et rapides, à traverser plusieurs carrés sans éprouver de pertes graves, mais ils étaient conduits par d'habiles et braves officiers : le général Morris, commandant, qui a passé presque toute son existence avec cette troupe, puis d'Allonville, si courageux et si gentleman; enfin, comme chef d'escadrons ayant fourni la première charge, un fils de mamelouck, Abdelal, aux grands yeux noirs, à la figure énergique, et connu comme l'un de nos plus brillants cavaliers. Nous vîmes un carré russe, se sentant dans l'impuissance de résister à une de ces avalanches, s'étendre sur le sol, officiers et soldats, pour se relever plus ou moins meurtris par les pieds des chevaux, et reprendre leur formation première. Les débris de la cavalerie anglaise dégagés, la nôtre rentrait dans nos lignes.

28 octobre.

Le siège marche lentement. Le feu de la place est toujours vif et nos parallèles sont maintenant à 150 mètres des fossés. Nos mineurs seraient aujourd'hui au pied des ouvrages que nous devons faire sauter, s'ils n'avaient eu à creuser dans le roc.

Il nous tarde d'être en mesure de tenter enfin une attaque de vive force contre Sébastopol. Nous considérons les défenseurs de la place comme fort éprouvés. Des attaques dirigées le 25 contre Balaklava, et le lendemain contre les lignes anglaises, n'ayant pas abouti, une certaine démoralisation a dû en résulter dans les rangs de l'ennemi.

1er novembre.

Le siège commence à mieux aller et on parle d'un assaut très prochain ; cependant, dans mes courses aux tranchées, je ne trouve pas que le feu des Russes éprouve le moindre ralentissement, et je ne remarque pas que leurs ouvrages soient grandement dégradés. Je redoute, dans l'état où nous sommes, des assauts fort périlleux. En tout cas, je ne serai pas de ceux qui auront à conduire nos troupes à l'escalade, j'appartiens toujours à l'armée d'observation. Or, nous sommes en face d'un camp pouvant contenir vingt-sept ou trente mille combattants que nous ne cessons de surveiller.

Dans la nuit du 31 au 1er, nos voisins furent pris d'une panique qui nous a procuré un splendide spectacle. J'étais de garde aux avant-postes lorsque, vers minuit, j'assistai à un feu d'artifice produit par des feux de compagnie et par des gerbes d'obus venant éclater à peu de distance de nos sentinelles. Il n'y fut point répondu par nos fantassins et nos artilleurs, grâce à mes ordres et à ma menace de mettre les chefs de poste aux arrêts de rigueur s'ils laissaient nos hommes faire usage de leurs armes sans une absolue nécessité. Cette panique provenait de la présence de quelques-uns de mes Arabes explorant leurs lignes.

Un certain nombre de mes tirailleurs particulièrement choisis sont utilisés à des reconnaissances pour fournir des renseignements sur le plus ou moins de développement des camps russes. Ce service a lieu surtout la nuit, depuis que nos ennemis sont devenus nos proches voisins. J'ai voulu une fois suivre une de ces reconnaissances, et j'ai constaté combien elles sont d'une exécution difficile. La nuit, le moindre obstacle vous arrête, il faut en reconnaître l'importance presque à la main; si l'on est près de l'ennemi, il devient indispensable de ramper en silence; de se méfier des effets de lumière, si le ciel est trop parsemé d'étoiles ou par une lune trop brillante; de savoir apprécier le moindre bruit. Les hommes les premiers en avant ont à communiquer à ceux qui les suivent leurs observations, ces derniers les transmettent à ceux qui sont les plus rapprochés de l'officier qui commande. Les ordres passent de même de l'un à l'autre jusqu'à ceux qui sont en tête. Les premiers surtout se glissent à la façon du serpent, le corps contre le sol, en élevant un peu la tête pour mieux voir.

Quant aux Russes, il n'y a pas de sentinelles plus vigilantes et plus surveillées par les chefs de ronde, dont nous apercevions les falots sur les routes. Il advint cependant, dans la nuit du 31 au 1er, qu'un groupe de tirailleurs parvint à dépasser un poste russe qu'il voulait enlever. Lorsque les nôtres furent reconnus, le poste effrayé prit la fuite en criant aux armes. Quelques coups de fusil furent échangés, et la crainte d'une attaque de nuit mit toute l'armée russe sur pied. Les forces de leur camp, tournées sur nos positions, exécutèrent des feux durant quinze ou vingt minutes, et tout rentra dans le silence. Durant ce tapage, mes Arabes s'étaient prestement retirés et blottis dans un pli de terrain; ils attendirent que le calme fût rétabli pour rentrer au camp. Ils rendirent compte de leur aventure au général Bosquet, qui avait assisté à leur départ.

La température s'est beaucoup refroidie; nous avons eu un jour de pluie et pas mal de vent du nord qui ne tardera pas à nous apporter la neige, ce que je n'envisage pas sans inquiétude, nos hommes n'ayant que de petites tentes, juste bonnes pour les pays chauds.

III

Inkermann.

Surprise du camp anglais. — La brigade Bourbaki. — La charge des tirailleurs. — Rapport sur le combat du 5 novembre. — Mort du général de Lourmel. — Les lenteurs du siège. — L'ouragan du 14 novembre. — Lettre au maréchal de Castellane. — Un ordre du général Bosquet. — La Saint-Nicolas.

5 novembre.

Nous venons de prendre part à une très chaude affaire et mes tirailleurs ont joué dans ce combat un rôle brillant. Aujourd'hui, à 5 heures du matin, une armée russe de trente à quarante mille hommes, appuyée par une nombreuse artillerie, attaquait l'aile droite des Anglais et s'emparait même de plusieurs de leurs ouvrages. Diverses troupes françaises furent successivement appelées à leur secours et, entre autres, le seul bataillon de mon régiment alors disponible, celui commandé par M. Martineau des Chenez. Je pris la tête de la colonne et la dirigeai sur un redan abandonné par les Anglais et occupé par les Russes. Nous l'enlevâmes à la baïonnette et nous chassâmes l'ennemi des positions qu'il occupait fortement. Au moment où j'étais avec mes hommes au point le plus éloigné, une sonnerie intempestive de retraite se fit entendre. Ma situation devint critique. Les Russes pouvaient tourner et isoler mon bataillon sur une crête aux pentes rapides. Je venais de donner un ordre et je surveillais le mouvement lorsque je roulai à terre. Mon cheval avait été atteint, le poitrail ouvert par un boulet, qui l'avait frappé un peu en arrière de mes jambes, en brisant mon fourreau de sabre. Aussitôt mes hommes se précipitèrent, enlevèrent ma selle, mes pistolets, etc., ne voulant rien laisser à l'ennemi.

Les Russes reprirent les terrains dont nous les avions expulsés ; mais une fois mes tirailleurs concentrés, ils exécutèrent à nouveau le mouvement en avant avec le même ensemble et une égale audace, en présence de nos généraux. Mes soldats, excités par ma voix et par celle de leurs officiers courant leur arme haute et poussant leur cri de guerre, poussent si rudement leurs ennemis qu'ils résistent à peine ; ils étaient forcés de dégringoler du haut de pentes à pic, beaucoup cul par dessus tête. Nous suivions de si près nos adversaires en fuite, que nos soldats n'avaient pas le temps de recharger leurs fusils et ne trouvaient rien de mieux que de les pourchasser à coups de pierre, projectiles que presque tous savent admirablement lancer. J'avais quatre cent cinquante tirailleurs : cent ont été tués ou blessés, ainsi que cinq officiers de grade inférieur. Les pertes sont à peu près les mêmes pour les zouaves qui ont également donné d'une manière admirable.

Tandis que nous livrions bataille, les Russes attaquaient de front les retranchements français du côté de la Quarantaine. Ils ont été repoussés par la division du prince. Je me considère comme tout particulièrement protégé par le Dieu des batailles, car personne n'a jamais été au milieu des projectiles plus exposé que je ne le fus aujourd'hui.

6 novembre.

Voici mon rapport sur le combat du 5 novembre :

« Le deuxième bataillon de tirailleurs, ayant reçu l'ordre
» de se porter rapidement en avant au secours des Anglais,
» est parti au pas de course. Au moment d'arriver à sa des-
» tination, prévenu qu'il eût à se rendre sur un des points

» attaqués par les Russes, il y fut sans s'arrêter. Arrivé en » présence de l'ennemi, qui avait dépassé un redan situé à » la droite de la ligne anglaise, officiers et soldats se ruèrent » contre lui sans tirer avant de l'aborder à la baïonnette. La » troupe russe, concentrée dans un étroit espace où elle pou- » vait faire difficilement usage de ses armes, ne sut résis- » ter à ce genre d'attaque ; elle abandonna l'ouvrage et fut » pourchassée non seulement de la crête où se trouvait le » redan, mais encore d'une autre où ne pouvait se rallier la » fraction ennemie vigoureusement poursuivie et forcée de » s'éloigner par un ravin presque impraticable.

» Elle laissait ainsi aux tirailleurs la facilité de prendre à » revers des troupes qui se repliaient aussi devant d'autres » corps français. Ceux-ci s'étant un peu trop engagés, une de » nos pièces ayant été mise hors d'état, une sonnerie de » retraite se faisait entendre et plaçait les tirailleurs en pré- » sence d'un extrême danger. Déployés sur la dernière crête » conquise, leur gauche cessait d'être soutenue et permet- » tait aux Russes, qui se reportaient en avant, de nous sépa- » rer du reste des troupes anglo-françaises. Il n'en fut rien » heureusement et ma troupe eut le temps de se replier sur » la première position conquise. Les Russes l'y suivirent, » mais une nouvelle charge ayant été ordonnée, ils furent de » nouveau si rudement abordés que, pour fuir plus prompte- » ment, ils abandonnaient leurs armes et que nos soldats, » dans leur marche rapide, n'ayant pas le temps de rechar- » ger leurs fusils, ramassaient des pierres pour les leur lan- » cer. Les Russes, vivement pressés, ne purent reprendre la » route par laquelle ils étaient venus et se jetèrent dans la » plaine par des pentes tellement abruptes qu'ils roulèrent » les uns sur les autres pour se mettre hors de portée. Le » porte-drapeau, M. Mesnard, arrivé des premiers au redan, » y plantait son étendard, puis il se portait à l'extrémité de » la deuxième crête, d'où pouvait le voir toute l'armée

» russe. Prévenu du mouvement de retraite, il eut assez de » force pour aller s'abriter au delà du redan. Les mouve- » ments énergiques opérés par les tirailleurs sont dus à l'en- » train du chef de bataillon Martineau des Chenez, du capi- » taine adjudant-major Gibon, et des capitaines Giacobbi et » Pelisse. »

7 novembre.

Les détails de la bataille livrée avant-hier — car c'était bien une vraie bataille — assiègent mon esprit et je tiens à noter le rôle actif que j'y ai rempli.

Au point du jour, les Anglais étaient sous le coup d'un pénible réveil. Leur camp, mal défendu et mal gardé, était surpris par l'ennemi, qui, reprenant quelques postes sans importance, pénétrait au milieu même de leurs tentes d'où nos alliés sortaient éveillés par le bruit de la bagarre.

La petite plaine qui précède Belaklava se couvrait de cavalerie russe et d'artillerie. Les positions occupées par notre armée de réserve étaient menacées.

Aussitôt le combat engagé contre les Anglais, nous vîmes des boulets envoyés à toute volée sur nos lignes. Ils ne produisirent pas grand effet, heureusement, en raison de la distance parcourue.

Cette démonstration ne nous parut pas sérieuse. Elle avait surtout pour but de nous immobiliser et de nous empêcher de porter secours à nos alliés. Le général Bosquet, en jugeant ainsi et voyant la lutte s'accentuer de plus en plus du côté des Anglais, détacha de notre ligne la brigade Bourbaki, le 6e d'infanterie et les zouaves.

Mais les Anglais, par un faux sentiment d'amour-propre, refusaient nos services. Ils ne tardèrent pas à comprendre que nous étions arrivés à temps.

La brigade détachée, malgré les refus prononcés, ne s'était

pas moins rapprochée du combat. Elle se trouva ainsi promptement prête à se ruer comme une avalanche sur les Russes qu'elle repoussait depuis la gauche d'un redan jusqu'au delà des premières batteries anglaises. Mais ceux-ci, se déployant davantage, débordèrent le terrain occupé par la brigade, et ne trouvant pas ailleurs une sérieuse résistance, se répandirent sur cette partie de notre plateau. Ils allaient mettre notre contingent entre deux feux. C'est à ce moment critique qu'arriva le bataillon de tirailleurs sous mes ordres. Parvenu au tiers de sa course, il distinguait les Anglais se retirant, en allant au pas, vers leur camp, et semblant attendre que des Russes missent la main sur leur épaule pour en faire des prisonniers. Notre présence modifiait cette situation, et nos adversaires, dispersés un peu en enfants perdus, allaient au plus vite se rallier à l'ensemble de leur troupe. Les tirailleurs avançaient à l'allure du pas de gymnastique, lorsqu'un officier, M. Clarmont, se présentait à moi et me priait d'accélérer encore le pas de mes soldats.

— Je ne puis, Monsieur, aller avec plus de rapidité, sans avoir à redouter un désordre ne me permettant point d'attaquer l'ennemi avec ensemble.

A la suite de cette réponse, l'officier anglais s'éloignait, puis, un instant après, reparaissait pour me dire :

— La brigade Bourbaki est prise en flanc et au moment d'être fort compromise.

Alors m'adressant en langue arabe à ma petite troupe :

— Enfants ! au pas de course ! en leur désignant un redan comme point d'attaque.

De toutes les bouches sortaient les mots : « Allah ! Allah ! » et une demi-douzaine de colosses nègres brandissant leur fusil se précipitaient des premiers sur l'ennemi, enfonçant leur baïonnette dans la poitrine de ceux qu'ils abordaient, lâchant en même temps leur coup de fusil dont la bourre enflammait les vêtements cotonneux des Russes et dont la balle blessait ou tuait deux ou trois individus, tant ceux-ci étaient entassés. J'ai lieu de croire que la vue de mes grands diables noirs aux yeux blancs, aux dents larges et brillantes, rejetant leur fusil en bandoulière pour s'emparer de ceux des Russes et pour s'en servir comme d'une massue, chaque coup brisant une tête ou un bras, contribua à entraîner la fuite d'adversaires superstitieux. Les soldats ennemis paraissaient pris de vertige. Nous nous mîmes à leur poursuite jusqu'au moment où nous arrêta une malencontreuse sonnerie de retraite qui permit un mouvement offensif de l'ennemi. Je lançai mon cheval ventre à terre pour essayer d'enrayer le recul qui commençait à se dessiner. Mon cheval fut alors tué par un boulet. Le capitaine adjudant-major Gibon m'offrit aussitôt sa monture. Ma première pensée fut de refuser, les balles sifflaient comme grêle et j'allais m'exposer à servir de cible; mais cette hésitation ne fut pas longue: je devais l'exemple à mes hommes et je montai à cheval pour ne pas avoir l'air de redouter un danger.

Je me dis, pour justifier cette imprudence, que l'homme qu'on vise est bien rarement atteint. En effet, de ceux qui m'accompagnaient, mon porte-chabraque était tué, le porteur de ma selle se renouvelait trois fois, mon nouveau cheval recevait une balle à la fesse, blessure légère qui m'empêcha cependant de l'utiliser jusqu'à la fin de la journée. Entré avec ma monture dans un des premiers retranchements anglais, je m'y plaçai; le coude appuyé sur un gabion, je m'y rendis compte de l'ascension de notre ennemi qui ne paraissait point animé du moindre enthousiasme. J'en étais à cette réflexion, lorsqu'une bombe venue du port tombait sur le gabion à quelques lignes de mon visage; elle éclatait, m'environnant de fumée et de lumière, ses morceaux sillonnant l'air en avant de moi. Les tirailleurs qui se donnent la consigne de me servir de gardes du corps, vieille habitude consacrée en Afrique, en furent abrutis, ne pensant plus revoir que ma tête en lambeaux. Ils me trouvèrent, au contraire, calme et leur souriant; aussi s'inclinèrent-ils devant moi en me répétant :

— Tu es un marabout, Dieu te protège, ce qui était un de leurs refrains dans nos petits combats algériens où je leur indiquais la direction à suivre.

— Oui, mes enfants, je suis marabout, parce que je vous aime.

Alors l'un d'eux vint à moi et ajouta en m'embrassant la main :

— Dieu veuille qu'il en soit toujours ainsi !

Nous quittâmes le retranchement pour nous réunir aux troupes, zouaves, 6e de ligne et tirailleurs, que les incidents de la lutte avaient un peu mélangés. A peine réunis, on prescrivit une charge nouvelle contre un ennemi revenu en nombre sur les premières positions conquises par lui. Dans le but d'encourager mes soldats, je me portai trop inconsidérément en avant. Je me vis tout à coup entouré de Russes; mais, avant même que je me fusse servi de mon épée, je fus délivré : près de moi se trouvait un tirailleur gesticulant; trois cadavres ennemis étaient à terre. Mes soldats s'étaient en effet précipités sur les Russes; ils m'avaient dégagé et continuaient à courir. Apostrophant leurs adversaires en fuite, ils les raillaient ou les injuriaient à la façon des guerriers d'Homère; ils leur reprochaient de ne pas leur donner le temps de leur cracher à la figure. Mon tirailleur, qui avait certainement coopéré à mon sauvetage, se mit, après m'avoir adressé un signe amical, à gambader comme ses camarades en courant à l'ennemi. Ce spectacle, dont le général Bosquet fut témoin, a été ainsi relaté dans son rapport :

« Le colonel de Wimpffen à la tête de ses tirailleurs sautant comme des panthères au milieu des broussailles... »

La bataille était gagnée; de tous côtés les Russes battaient en retraite.

Quelques tireurs habiles, placés au bord de la Tchernaïa, nous envoyaient encore quelques projectiles. L'un de ces tireurs dirigait ses coups sur moi. Son adresse était telle que, malgré la distance et mes déplacements successifs, les balles frappaient autour de moi, dans un rayon très restreint. Je pris la détermination de mettre pied à terre, de façon à ne plus servir de cible à l'infatigable tireur.

La nuit approchait et je reconduisis ma troupe à son campement.

8 novembre.

Nous avons perdu, durant cette bataille, un de nos meilleurs généraux, le brave et capable de Lourmel ; j'ai eu d'excellents rapports avec lui, lorsqu'il était chef d'un bataillon de chasseurs. Il avait déjà acquis, au milieu de nous, une réputation qui faisait présager un prompt avancement. Il devint en effet, quoique jeune de grade et d'âge, promptement général de brigade et aide de camp de l'Empereur. Il avait alors, comme à ses débuts, l'abord facile et des plus séduisants ; il était de taille moyenne, mais gracieuse, la figure régulière, le regard tout à la fois caressant et énergique. C'est une perte sérieuse que viennent de nous infliger les Russes. Ceux-ci, à un effectif de six mille hommes, en même temps qu'ils attaquaient le camp auglais, avaient envahi nos tranchées du côté de la Quarantaine, dans l'espérance d'enclouer nos canons et de détruire nos travaux. Le général de Lourmel, prévenu, rallia sa brigade, qui, sous ses ordres, s'élança contre l'ennemi et se mit à le poursuivre l'épée dans les reins jusqu'à proximité des remparts. De Lourmel avait l'ambition d'entrer le premier dans Sébastopol, lorsque le signal de la retraite prescrit par le général Forey coupa court à son élan. La retraite fut sanglante ; il dut l'exécuter à proximité des fusils russes et de la mitraille des pièces ennemies ; c'est en surveillant la marche rétrograde de ses troupes qu'il reçut le coup mortel.

Des hommes compétents prétendent que la tentative d'entrer en ville n'était point réalisable; les amis et subordonnés du jeune général prétendent le contraire.

9 novembre 1854.

Depuis la bataille du 7 novembre, nous sommes dans un calme plat du côté de nos lignes extérieures. Nos batteries et celles de l'ennemi se saluent avec plus ou moins d'intensité; on continue trop lentement peut-être à s'approcher du corps de place et cependant l'hiver nous menace, ce qui fait désirer que nous en finissions. Les Anglais fortifient l'espace qui s'étend en avant de leur flanc droit, ce qu'ils avaient trop négligé. Nous concourons à sa défense à venir en y plaçant cinq bataillons de la 2e division et un ou deux bataillons de turcos; la sécurité de cette ligne est ainsi suffisamment assurée. La face qui suit et domine la plaine de Balaklava est inabordable par suite de travaux, redoutes, crémaillères, etc., exécutés par nous. Balaklava est un peu isolé; l'ennemi cherchera peut-être à se lancer encore sur cette ville, mais là aussi nous sommes en mesure de nous joindre aux Anglais pour les repousser.

Les Russes, dans la journée du 5, nous ont laissé cinq ou six mille cadavres, peu de blessés, le combat ayant été presque constamment à brûle-pourpoint et même à l'arme blanche. Les blessures sont généralement très graves, nous aurons beaucoup d'amputations. Le colonel Bonjour, de l'artillerie, homme charmant, des plus capables et des plus braves, a eu la chair du mollet emportée; on espère néanmoins lui conserver la jambe. Des actes barbares ont été commis sur nos hommes tombés durant la lutte : nous avons trouvé des cadavres de nos soldats criblés de coups de baïonnette, ce qui n'a pu être le fait que de quelques misérables. Je dois dire à notre louange que même nos Arabes ont procédé avec humanité envers les Russes étendus sur le champ de bataille. J'ai vu des tirailleurs faisant signe aux soldats ennemis de leur livrer leurs cartouches, puis leur offrant à boire. Le combat terminé, mes turcos allaient ramasser les blessés, les soutenaient ou les portaient à l'ambulance avec de grandes précautions. Je vis ainsi enlever du champ de bataille un pauvre diable qui avait eu toute la face et les yeux emportés par un éclat d'obus. Il demandait par gestes qu'on lui donnât le coup de grâce. Longtemps je serai obsédé par cet horrible spectacle.

On vient de mettre à ma disposition un très beau cheval russe que mes hommes avaient pris et que j'avais fait conduire à la remonte. Me voilà donc monté aux frais de l'ennemi.

Je crois que la première proposition faite en ma faveur pour la croix de commandeur après la bataille de l'Alma n'a pas eu de suite. Je n'en suis pas étonné, car il m'a toujours fallu plusieurs propositions avant d'obtenir une récompense. Je ne m'en fais pas le moindre souci. Les événements actuels sont trop graves pour qu'un homme de ma trempe ne réussisse pas quand même. En tout cas, ma réputation militaire n'en sortira que mieux établie et j'espère bien, à la fin de cette pénible campagne, avoir fait mes preuves.

11 novembre.

Le calme est parfait depuis quatre jours. Après une grande crise, il en est presque toujours ainsi : c'est un repos indispensable, pendant lequel chacun essaie de réparer ses pertes et de bien se rendre compte du futur emploi de ses forces.

Les Russes ont été trop rudement éprouvés pour tenter de suite une nouvelle attaque. Cependant, nous nous tenons sur nos gardes, et ils auront actuellement de la peine à nous surprendre. Je vais, ce soir, avec trois bataillons travailler à la ligne anglaise. Nous aidons nos alliés à construire des ouvrages qui les couvriront bien et nous permettront aussi de disposer plus librement de nos forces, sans craindre quelque attaque de nuit.

Nos ennemis se sont bravement battus et ont au moins laissé cinq mille morts sur le terrain. Comme, généralement, le nombre des blessés est double et même triple de celui des tués ; on conçoit combien les Russes ont dû être ébranlés malgré leurs gros effectifs. Le seul aspect de nos zouaves et de nos tirailleurs, dont les soldats ennemis n'oublieront pas de longtemps les charges furieuses, produira toujours bon effet en notre faveur sur les prochains champs de bataille.

Je viens de recevoir la nouvelle de ma nomination de commandeur de la Légion d'honneur, sur laquelle je n'osais pas compter. La promotion, signée à la suite de la bataille d'Inkermann, n'a pas encore été officiellement publiée par le quartier général.

Mon camarade du Moulin a obtenu l'épaulette d'officier supérieur. J'en suis enchanté. Il était digne de cet avancement.

Il s'est toujours montré bon père envers ses subordonnés, intelligent et brave. Mes chefs de bataillon sont furieux que l'un d'eux, au moins, n'ait pas été fait lieutenant-colonel. J'en suis fâché pour moi, car j'aurais été satisfait de les voir s'éloigner d'un corps où ils ne m'ont causé que des embarras. Si je ne les ai pas quelquefois malmenés, c'est qu'ils avaient contribué à m'aider à la formation du corps des tirailleurs ; mais, depuis, leur ancien esprit de chefs de corps a fait naître chez eux une sourde résistance à mes volontés qui m'a causé pas mal d'ennuis. Un chef moins actif et médiocrement énergique y aurait succombé. J'espère qu'aux prochaines affaires il me sera possible de leur faire donner satisfaction.

J'ai reçu deux cent quatre-vingt-seize hommes, ce qui maintient mon effectif à deux mille tirailleurs. Les bataillons en

Algérie ne se privent que difficilement de leurs contingents, ce que je compte signaler au Ministre de la guerre. Maintenant qu'il est prouvé que mes soldats sont aptes à supporter toutes les conséquences de luttes hors de chez eux, on ne doit pas hésiter à les utiliser largement : on aura ainsi, moins de Français à sacrifier.

Notre belle affaire du 5, où j'ai si grandement payé de ma personne, où ils m'ont vu en première ligne à l'attaque et le dernier à la retraite, m'a remis officiers et soldats dans la main ; je suis convaincu que j'arrive au moment d'obtenir de mon régiment tout ce que j'obtenais de mon ancien bataillon.

Au milieu d'une bourrasque de neige accompagnée de coups de canon venant du camp russe et auxquels répondaient nos pièces dans la crainte d'une offensive, m'est arrivée une jument échappée des rangs de l'ennemi. Elle avait perdu une mamelle emportée par un éclat d'obus. Cette bête, assez grande et belle, soignée par mes soldats, amis des animaux, va bien. Elle est très douce et semble avoir compris qu'elle n'est pas mal tombée parmi nous. Je suis donc possesseur d'un cheval et d'une cavale russes, en attendant que j'aille m'installer dans une maison de Sébastopol.

Le siège n'avance que très lentement. On attend des renforts de France et, si j'en crois des bruits venus du quartier général, dès que ces troupes seront arrivées, les opérations seront menées rapidement. Une bataille définitive serait livrée à l'armée qui nous empêche de bloquer sérieusement la place assiégée. Notre situation sera toujours difficile, et même périlleuse, tant que nous n'aurons pas réduit à l'impuissance notre ennemi extérieur.

12 novembre.

J'écris à un général sous les ordres duquel j'ai servi en Algérie :

« Je ne connais rien de plus difficile que de répondre à » votre question au sujet du personnel de notre grand état-» major. Je chercherai cependant à vous faire connaître mes » impressions sur les hommes qui nous commandent, sans » avoir la prétention de porter sur eux un jugement définitif. » Le maréchal Saint-Arnaud était un homme d'esprit, affable » et bienveillant, sachant refuser sans que personne pût lui » en vouloir. Pourvu d'un jugement rapide et sûr, il était » doué d'une volonté de fer.

» Il a ordonné et mené à bien notre heureux débarquement » en Crimée, malgré l'avis contraire d'amiraux et même de » généraux. Son projet connu de prendre d'assaut Sébasto-» pol, après la bataille de l'Alma, était à mon avis le plus » raisonnable, si audacieux qu'il parût. Son successeur est » aussi très aimable, prêt à rendre service à ses subordonnés ; » son grand courage est connu, mais on doute qu'il soit » pourvu, autant que le maréchal, des qualités de guerre » indispensables à un général en chef. L'expérience lui fait » un peu défaut. L'avenir nous permettra de le mieux appré-» cier. On lui reproche, à tort sans doute, de n'avoir pas su » assez exiger de la marine un plus prompt débarquement de » tout ce qui nous était indispensable ; de ne s'être pas assez » fait rendre compte des points les plus faibles de la place à » assiéger, des dispositions prises par le génie et l'artillerie » pour l'attaque, et de ne pas s'être montré apte à juger de » leurs défectuosités. Vous savez qu'on a eu l'idée d'opposer » aux fronts bastionnés de la place un front miniature du » même genre, ayant trente-sept à quarante pièces à feu. Les » Russes ayant un plus grand nombre de canons, sur une

» étendue plus vaste, et mieux répartis pour la défense, nous » devînmes en quelque sorte de véritables assiégés. Nos bat» teries avaient à peine commencé à tirer, que leur empla» cement était sillonné par les obus, les boulets et bombes » russes, de telle façon que nos pièces furent promptement » mises hors de service. Des poudrières, revêtues de trop » faibles madriers, ne tardaient pas à sauter. Nous dûmes, » après deux heures d'une rude épreuve, rester silencieux » durant trente-six heures, afin de réparer les dégâts com» mis. Nous avons perdu ainsi un temps précieux, jusqu'à ce » que de nouveaux travaux, exécutés selon toutes les règles » de l'art, nous permissent de risposter avec avantage et de » nous rapprocher du corps de place.

» Les Anglais, de leur côté, tout en n'ayant pas subi les » mêmes revers, car ils avaient pris de plus sérieuses précau» tions et s'étaient bien gardés de masser leurs moyens d'at» taque, n'ont fait pour ainsi dire que répondre à l'ennemi, » sans diminuer ses feux et en outre sans avancer.

» Lors de notre première reconnaissance de la place, le » 30 septembre, j'entendais des officiers d'artillerie et du » génie déclarer avec une grande assurance que les remparts » en terre qui nous étaient opposés seraient promptement » renversés. Les événements ont malheureusement donné » tort à ces officiers. Les soldats russes leur ont prouvé qu'on » pouvait toujours réparer dans la nuit des dégâts causés pen» dant le jour par le feu aux fortifications. Malgré notre terri» ble canonnade qui dure depuis bientôt un mois, aucune brè» che n'a été faite, et nous ne devons pas penser de sitôt à » tenter l'assaut. On prétend que nos généraux redoutent la » création d'une seconde ligne de défense à l'intérieur de » Sébastopol ; mais rien de plus improbrable, étant donnée la » configuration du terrain. Ce siège menace donc d'être très » long et, pendant ce temps, des contingents ennemis ne » cessent d'arriver de tous côtés, afin de troubler nos travaux

» en attaquant nos lignes. Lorsque vous recevrez cette lettre,
» vous connaîtrez sans doute notre bataille du 5 novembre.
» Les Russes avaient attaqué la droite anglaise sur la partie
» de notre plateau dominant la route d'Inkermann. Après une
» lutte de trois heures, ils étaient parvenus à pénétrer jusqu'au
» camp de nos alliés, et leurs éclaireurs exploraient leurs
» tentes, lorsque des troupes françaises, arrivées à propos et
» se ruant sur nos ennemis, les obligèrent à battre en retraite.
» Depuis, nous avons repris encore avec plus d'énergie nos
» opérations contre Sébastopol; mais ce qui nous est le plus
» préjudiciable, c'est notre impossibilité de cerner une place
» qui se ravitaille en munitions, en vivres et en hommes. Notre
» siège est, pour moi, un second épisode de Zaatcha, qui n'a
» duré si longtemps que parce que des circonstances analo-
» gues se sont présentées contre nous. Nous en finirons éga-
» lement de même avec la ville et les armées de l'ennemi,
» mais ce ne sera pas sans misère et sans des pertes sensi-
» bles. L'hiver commence à nous faire sentir ses rigueurs; on
» se préoccupe de nous procurer de plus sérieux abris que
» nos petites tentes d'Afrique; il est indispensable d'en faire
» venir beaucoup de grandes qui, restant en place et solide-
» ment établies, procureront à nos soldats un terrain à peu
» près sec pour se coucher et les préserveront de la neige.
» Des vêtements chauds commencent aussi à être distribués;
» il est indispensable d'en pourvoir toute l'armée, car ceux
» en usage sont généralement faits de drap trop léger. Enfin,
» il devient nécessaire de créer sur la plage, à portée de
» notre quartier général, un approvisionnement d'un mois
» au moins, car il va devenir difficile à notre flotte de sé-
» journer indéfiniment près de nous. Si j'en crois les rensei-
» gnements qui m'ont été donnés, les chefs d'escadre des deux
» flottes ont émis l'opinion qu'il serait dangereux d'hiverner
» à la Katcha et qu'il leur faudrait même aller dans le Bos-
» phore, afin de se mettre à l'abri des tempêtes qui règnent

» dans cette saison sur la mer Noire. Si les mesures que je » vous indique plus haut sont toutes prises, nous aurons peu » à nous inquiéter de la présence continue de la flotte, parce » que notre armée est trop belle pour qu'on puisse supposer » un revers rendant la présence de l'escadre immédiatement » nécessaire; mais je m'aperçois que j'oublie le sujet qui m'a » paru le plus vous intéresser : celui relatif à notre grand état-» major. Le général de brigade chef du génie, M. Bizot, est » un homme charmant, d'une grande érudition, mais, ainsi » que le chef de l'artillerie, peu à hauteur de notre grande » entreprise; tous deux ont contribué à empêcher l'assaut, » comptant sur un succès prompt et certain de leurs moyens » d'action, mais ils n'ont point su trouver le point faible de » la défense. M. de Martimprey, chef d'état-major général, » est depuis longtemps connu comme d'une grande aménité, » d'une haute intelligence, des plus aptes à donner de bons » avis, mais laissant à son supérieur toute liberté d'apprécia-» tion. En sous-ordre, mais très prédominant, est le colonel » Trochu, très aimé jadis du maréchal Bugeaud, goûté au » ministère de la guerre, où il s'opposa à l'envoi des tirail-» leurs en Orient; il estimait que ces braves gens ne feraient » aucun bon service en dehors de leur pays.

» Le colonel Trochu est très écouté par le général Canro-» bert. Il a une facilité d'élocution qui lui permet d'exposer » admirablement le pour et le contre d'une question.

» Deux autres officiers sont eux aussi très en vue : le géné-» ral Forey et le général Bosquet. Le premier est brave, » c'est un bon organisateur, mais un esprit morose, toujours » mécontent, d'un abord glacial, parfois même brutal. Il est » généralement mal apprécié.

» M. Bosquet, au contraire, a la figure loyale, au regard à » la fois doux et énergique, toujours maître de lui, et, cepen-» dant, prenant sur le champ de bataille un grand air et une » attitude qui électrisent ses soldats. Est très ambitieux. Il

» veut être nommé maréchal de France et il le sera certai-
» nement.

» Lord Raglan et les généraux anglais sous ses ordres pas-
» sent pour d'excellents officiers. »

13 novembre 1854.

Depuis le commencement du mois, le temps nous porte à redouter un hiver rigoureux. Nous avons des alternatives de pluie, de vent, de neige. Le terrain est boueux et d'un parcours difficile. L'ennui et la fatigue font regretter Saint-Arnaud : il semble qu'il aurait su réduire promptement Sébastopol. Les Anglais eux-mêmes en éprouvent non du découragement, mais une grande lassitude; ils en arrivent à accepter nos services pour porter leurs munitions de guerre de Balaklava à leurs batteries. Nous nous transformons en bêtes de somme, ce qui aurait provoqué plus d'un lazzi chez nos soldats si les esprits n'étaient un peu abattus. Je tiens compagnie à mes turcos pour payer d'exemple; ce procédé m'a toujours paru excellent. Ce qui m'a stupéfié, c'est de n'être jamais reçu que par de bas officiers anglais; leurs supérieurs se contentent de partager avec leurs troupes les vicissitudes des combats où ils déploient du reste une grande bravoure. Le Français exige davantage : il faut que ses chefs prennent part à toutes les peines. Pour lutter contre nos deux ennemis, les Russes et le mauvais temps, nous travaillons à des ouvrages défensifs de toutes sortes, nous créons de nouvelles lignes de circonvallation et nous améliorons l'installation de nos petites tentes; enfin, nous faisons des approvisionnements de bois par compagnie. Je ne comprends pas qu'on se préoccupe si peu des désastreuses conséquences qui peuvent résulter pour nous d'un mauvais temps prolongé. Nous devrions, dès à présent, nous trouver pourvus de grandes tentes, avoir des chantiers remplis de bois, dût-on le faire venir de loin, de la côte asiatique où il est très abondant. Nous devons craindre également qu'on ne manque du fourrage nécessaire aux nombreux troupeaux qui nous fournissent de la viande fraîche. Nous devrions posséder de vastes manutentions, donnant au moins une fois par semaine du pain au soldat qui n'aime pas le biscuit.

Nous manquons aussi de moyens de transport.

Partout, on commence à craindre que notre général en chef ne soit plus brillant que pratique.

16 novembre.

Nous venons d'être rudement éprouvés. Je comprends maintenant ce qu'ont dû souffrir nos pères durant la campagne de Russie. Notre dernière épreuve n'a duré que vingt-quatre heures. Elle aurait pu cependant entraîner un désastre irréparable si les Russes, qui, mieux abrités que nous, ne se rendaient pas compte de nos souffrances, en avaient profité pour tenter un mouvement offensif contre notre armée en désordre, contre nos soldats dispersés et sans armes.

Le 14 au matin, un vent furieux renversait tout sur notre plateau : tentes, baraques, faisceaux, et les hommes de nos régiments se réfugiaient dans les étroits ravins avoisinant Sébastopol.

Je voyais d'énormes barils, mis à découvert, rouler comme des plumes vers mes avant-postes et allant se briser dans la plaine de Balaklava. Je redoutais que plusieurs de mes soldats ne fussent atteints et écrasés; malgré la tempête, je crus devoir aller m'en assurer. Je fus presque transporté par le vent. Mes turcos, enveloppés dans leurs couvertures et leurs petites tentes, étaient plaqués contre un versant et avaient vu passer au-dessus de leur tête ces bombes d'un nouveau genre. Mon retour au camp fut des plus difficiles à accomplir, ayant le vent en face ; je me vis obligé de me courber et même de marcher à quatre pattes jusqu'à ma tente à peu près debout, grâce à de bonnes cordes, à des piquets fortement enfoncés en terre, et grâce à mes ordonnances accrochés aux parois. J'avais creusé un réduit pour mes chevaux, de manière qu'ils n'eussent que la tête au-dessus du sol; ils s'étaient bravement couchés, les palefreniers près d'eux semblant peu s'inquiéter de la bourrasque. Je crois que mon camp était des plus exposés. Il paraît néanmoins que presque toutes les installations ont été plus ou moins éprouvées et que nos flottes ont fait de sérieuses pertes. Une partie de nos hommes sont rentrés le soir et ont procédé à leur réinstallation, mais le régiment n'était au complet, moins quelques tirailleurs, que dans la matinée du 15. Il faut maintenant remettre tout en ordre et répondre aux exigences du service : aujourd'hui, je fais nettoyer les armes et reconstituer les faisceaux; hier, on repiquait les tentes et on creusait des rigoles. Si ce terrible temps avait continué, que serions-nous devenus?

17 novembre.

Je suis obligé de payer de ma personne pour que chacun se réinstalle et pour que tout rentre dans l'ordre. J'ai fait retirer les tentes de la boue. On les a transportées sur un terrain sec. Je viens d'apprendre que les abris du quartier général et ceux de nos blessés ont été renversés par l'ouragan. Il n'y a pas eu, fort heureusement, de graves accidents à signaler. A une lieue de nous environ, un magnifique couvent grec a perdu ses toitures. De tous côtés, on répète :

— Ah! si les Russes étaient venus nous attaquer, comment leur aurions-nous résisté?

Le beau temps est revenu et bientôt les traces de cette horrible tourmente auront disparu; mais on en parlera longtemps sous les tentes. Chaque soldat n'oubliera pas cet ouragan du 14 novembre.

Nous attendons avec impatience l'heure de l'assaut.

Lorsque nous aurons pris Sébastopol, nous marcherons sans doute contre l'armée extérieure pour la battre en rase campagne.

21 novembre 1854.

Nous souffrons beaucoup du mauvais temps; les travaux nouveaux sont médiocrement menés, les anciens ont besoin de réparations presque journalières; je ne sais quand nous en finirons. Cependant les coups de canon, depuis hier soir, se font entendre d'une façon répétée; nous voudrions qu'il en fût ainsi jour et nuit, ne fût-ce que pour empêcher l'ennemi de se reposer dans Sébastopol. Mais nos batteries sont très péniblement approvisionnées. L'armée russe, depuis la bataille du 5, est considérablement réduite, et les pluies doivent rendre sa reconstitution bien difficile. Les routes de ces contrées ne sont point ferrées, le terrain est coupé de ravins et de marais. Les troupes de renfort ont à lutter contre le vent, la pluie, la neige, et à surmonter de grands obstacles avant d'arriver à destination. Aux difficultés de la marche pour l'homme, il faut joindre celle de la circulation des voitures portant les vivres, les munitions et les habillements de rechange; on voit éparpiller sur les routes plus d'hommes qu'il n'en arrive sous Sébastopol. C'est là pour nous un grand avantage, car nos ravitaillements en toutes sortes se font sans fatigue pour nos bâtiments qui commencent à bien connaître le sillage qu'ils ont à tracer de France et d'Angleterre à Kamiesh et à Balaklava. Les froids, les fatigues causées par le siège, la mauvaise nourriture et des installations déplorables contribuent cependant à diminuer nos effectifs. L'arrivée des contingents ne se fait heureusement pas trop attendre, sauf pour mon régiment de tirailleurs algériens : les chefs de corps laissés en Afrique font preuve d'une extrême mauvaise volonté et entravent par tous les moyens le départ de leurs turcos pour la Crimée. Je suis très content de mes tirailleurs qui résistent admirablement aux fatigues et aux rigueurs de l'hiver. Je n'ai pas le même éloge à faire de certains officiers qui dirigent contre moi une sourde opposition. Mes chefs de bataillon regrettent le temps où le régiment n'était pas formé : ils étaient alors chefs de corps et ils acceptent difficilement le rôle de subordonnés. Ma situation est donc difficile ; il me semble que mes tirailleurs ne seront complètement à moi qu'après le départ de leurs anciens commandants.

25 novembre.

Nous sommes dans un océan de boue, la pluie tombe sans répit. J'en suis contrarié surtout à cause de mes soldats qui en souffrent beaucoup. Quant à moi, je me porte admirablement et je visite les camps en sabots. Je suis forcé de me prodiguer, car un grand nombre d'officiers paraissent n'avoir aucun souci de leurs hommes. Je m'adresse donc paternellement à mes Arabes, je les engage à supporter courageusement ces rudes épreuves et, chaque jour, je gagne davantage leur affection.

L'Etat fait de grands sacrifices pour garantir nos soldats contre les intempéries de l'hiver ; nous recevons des capotes de gros drap et de grandes guêtres qui montent jusqu'aux genoux, comme les guêtres des soldats du premier Empire.

Du cognac et du vin ont aussi été envoyés en grandes quantités, mais ce sont surtout les états-majors et les services administratifs qui en profitent.

Au milieu des loisirs du siège, je commence à organiser mon *intérieur* de campagne ; je trouve le temps de diriger mes marmitons composés d'un négro qui aime mieux le feu de la cuisine que celui des canons russes, et d'un tirailleur à la poitrine fort compromise. On me prépare les ingrédients et je ne dédaigne pas d'indiquer les liaisons d'après un livre qui complète mon instruction culinaire. Je remplace l'épée par la queue de mes casseroles. Mais si cette vie doit se continuer, il faut qu'on me fasse général pour couvrir mes dépenses ; les fournisseurs ne nous accordent que peu de crédit.

La jument qui a eu la mamelle emportée et qu'on a soignée presque par pitié, va bien ; elle me fait un bon usage, car je ne sais quand m'arriveront le mulet et le cheval que j'ai été forcé de laisser à Varna. Si l'on attend, pour me les rendre, notre retour, je crains qu'ils ne soient morts de froid ou qu'ils n'aient trouvé un nouveau propriétaire. On parle de vols assez nombreux commis là-bas.

La lutte à coups de canon continue sans produire grand effet ; les tranchées progressent lentement. On ne pourra rien tenter de sérieux avant les beaux jours.

27 novembre.

Les journaux de France que nous recevons mentionnent des combats auxquels ils donnent une grande importance et qui passent ici presque inaperçus. Il vient cependant de se produire un beau fait d'armes. De nombreux soldats russes avaient réussi à s'installer en dehors de leurs remparts, dans une embuscade d'où ils tiraient sur nos tirailleurs. Une compagnie de riflemann les en a brillament chassés, et, malgré de nombreux et vigoureux retours offensifs, elle a pu garder ses positions.

Le brave capitaine de cette troupe a malheureusement été tué.

Lord Raglan et le général Canrobert ont adressé à ce sujet de beaux ordres du jour à l'armée.

Le quartier général nous annonce un renfort de soixante mille hommes ; je ne le juge pas indispensable, nous pourrions venir à bout de notre lourde besogne sans cela ; cependant, c'est une bonne précaution. Le temps s'est un peu amélioré; enfin! car il n'y a rien de plus pénible que la pluie pour de jeunes troupes. Mes nouvelles recrues ont été fortement éprouvées : j'ai cependant peu de malades et l'ensemble du corps continue à avoir un bon moral. Nous améliorons nos tranchées, dont les parapets sont continuellement dégradés par les averses; on construit des puits pour cheminer souterrainement; mais le sol rocailleux n'est pas favorable à ce genre de travail, qui n'avance que lentement et que ne manqueront pas de découvrir les Russes dirigés par un habile ingénieur.

30 novembre 1854.

Le siège continue sans trop de fracas : on annonce que cent vingt pièces de nouveaux canons seront mises en batterie contre la place. Ce remue-ménage ne sera sans doute terminé que dans les premiers jours de décembre. L'attaque n'est donc pas prochaine.

Les plaines qui nous avoisinent sont transformées en marais. Nos ennemis du dehors se trouvent donc pour longtemps dans l'impossibilité de tenter la moindre attaque.

3 décembre.

De nouvelles mesures sont prises pour protéger nos camps. Le génie a fait élever des redoutes sur le terrain où fut livrée la bataille d'Inkermann, de façon à commander le cours très resserré de la Tchernaïa, à contre-battre les canons russes établis près des ruines d'un vieux château et à commander le fond du port.

Le temps est plus affreux que jamais. Nos pauvres soldats sont littéralement couverts de boue, et il leur est impossible depuis quinze jours de laver leurs effets. Officiers et soldats supportent cette misère avec beaucoup de résignation.

Nous devons reconnaître que tout est tenté pour améliorer leur sort depuis quelque temps.

Il est fait des distributions de vivres supplémentaires, de vin, d'eau-de-vie, de vêtements et bientôt on aura de grandes tentes. Nous espérons que des jours sans pluie ne tarderont pas à revenir, alors nous n'hésiterons pas à prendre les dernières mesures pour entrer dans Sébastopol. On m'apprend que je vais être décoré du Nicham, donné par le Sultan à un assez grand nombre d'officiers et soldats.

Décembre 1854.

Rien de bien nouveau, si ce n'est que le temps semble vouloir se remettre au sec. La pluie a cessé depuis hier. Il n'était pas trop tôt, car on ne savait plus où mettre le pied sur un sol complètement détrempé. Je ne sais trop où en est le siège, mais il est probable qu'on ne tardera plus à faire jouer de nouvelles batteries contre la place ; en attendant, les anciennes ne font pas grand bruit. Je ne pensais pas qu'un siège pût, avec l'armement actuel, durer aussi longtemps.

L'histoire nous apprendra les fautes commises. Quant à moi, je n'ose encore exprimer mon opinion.

L'armée russe nous laisse tranquilles, mais elle vient même de quitter ses positions dans la plaine de Balaklava pour aller occuper les plateaux qui commandent la rive droite de la Tchernaïa. Elle met donc aujourd'hui entre elle et nous une rivière débordée. Ce mouvement de recul de la division Liprandi est évidemment nécessité par la difficulté des approvisionnements. Peut-être aussi les généraux ennemis craignent-ils de se trouver pris entre les armées alliées et une rivière difficilement franchissable.

Nos camps abondent maintenant en toutes choses. Il ne nous manque que des grandes tentes. Seules, les divisions des corps de siège commencent à en être pourvues. Lorsque nous en aurons tous, nous pourrons alors attendre plus commodément sur notre plateau la fin de cette lutte. Nous les attendons avec impatience. On dit que les commandants français et anglais ont l'intention de tenter une attaque générale avant la fin du mois. C'est bien douteux !

Les recrues continuent à souffrir beaucoup.

Depuis deux jours, plusieurs de mes Arabes, récemment débarqués, ont disparu. On les croit réfugiés au camp turc, mieux installé que le nôtre. Ils n'y resteront pas longtemps, car leurs coreligionnaires au service du Sultan ne reçoivent plus aucune solde.

8 décembre 1854.

Je viens d'adresser au maréchal Castellane la lettre suivante :

« Monsieur le Maréchal,

» J'ai reçu avec un vif plaisir votre lettre ; je l'espérais, » car je sais que vous ne perdez jamais de vue les officiers » qui ont eu l'honneur de servir sous vos ordres, quand ils se » conduisent de manière à mériter votre bienveillante attention. J'ai à me reprocher de ne vous avoir point envoyé » le récit de nos faits de guerre, mais mon excuse est cette » vie absorbante des camps qui fait qu'on peut à peine satisfaire à toutes les exigences du service.

» J'ai eu à m'occuper plus que tout autre colonel, ayant à » faire réussir un corps nouvellement organisé et ne trouvant » autour de moi que doute et mauvaise volonté. Ces tirailleurs ne devaient pas tenir, suivant les uns, sous les effets » du canon ; c'étaient, suivant d'autres, des soldats médiocres, incapables de tenir tête à des masses. Enfin, ces Arabes ne devaient point tarder à succomber par suite de fatigues, ou se dégoûter au point de réclamer, en grand nom-

» bre, leur rentrée en Algérie. Des officiers français, sous » mes ordres, partageaient beaucoup trop ces idées et, de plus, » regrettaient leur vie paisible, leurs ménages africains. J'ai » donc eu à redouter un insuccès; mais, comme toujours, mes » Arabes ont été à hauteur de ce que j'avais exigé. Ce simple » exposé doit déjà vous faire apprécier combien j'ai dû me » prodiguer et leur prouver combien tout ce qui les concer- » nait était ma plus grande préoccupation.

» Le voyage de Gallipoli à Varna, celui de la Dobrutcha » ont prouvé qu'ils étaient gens faits aux fatigues et à l'abri » des maladies qui ont alors décimé une partie de notre » armée. Dans ces marches, les tirailleurs se sont montrés, en » pleine épidémie cholérique, infirmiers remarquables. L'un » d'eux a mérité la médaille militaire en soignant les mala- » des. Aucun n'a manqué l'embarquement pour la Crimée. » A la bataille de l'Alma, placés en ligne derrière nos batte- » ries, ils se sont laissé labourer par les projectiles ennemis; » ils ne se préoccupaient que de tenir bon et de serrer » les rangs.

» Vous devez connaître aujourd'hui, Monsieur le Maréchal, » dans tous ses détails, notre débarquement miraculeux. La » mer était d'un calme parfait, l'ennemi ne se montrait pas » sur cette plage si facile à défendre. De 6 heures du matin » à 5 heures du soir, l'opération s'est poursuivie presque sans » incident.

» Dans la nuit, la mer devint plus houleuse, les bagages » et tout l'attirail ne furent pas débarqués sans peine. L'ar- » mée russe était restée derrière l'Alma, occupant des hau- » teurs d'un accès très périlleux pour les assaillants. Certains » mamelons, que l'armée ennemie avait mis en état de défense, » paraissaient presque inaccessibles. Les Russes ignoraient » que la guerre d'Afrique avait appris à nos soldats à se jouer » de ce genre de difficultés : en quelques minutes, un ré- » giment de zouaves ainsi que celui des tirailleurs franchis-

» saient les obstacles, la ligne suivait, et, à notre exemple, » la batterie divisionnaire, grâce à la vigueur de ses chevaux » et au concours des soldats, gravissait à son tour une pente » où jamais cavalier n'avait peut-être passé avant elle. Cette » ascension détermina, en partie, le succès de la journée, nos » troupes débordant la gauche de nos ennemis et menaçant » leur ligne de retraite. La cavalerie du maréchal aurait pu » achever la victoire, elle ne fut pas employée ; en complé- » tant notre succès par une ardente poursuite, nous aurions » sans doute pris possession de Sébastopol. Je crois même » que, quatre jours après la bataille, nous aurions pu nous » loger dans la partie de Sébastopol non fortifiée ; les forts » auraient rendu cette partie presque inhabitable, mais sa » prise aurait circonscrit nos points d'attaque.

» Les Russes, durant notre voyage à Balaklava et nos » reconnaissances, et tandis qu'arrivait notre matériel de » siége, surent travailler avec une ardeur incroyable à élever » de nombreux ouvrages et à établir des batteries. On voyait » du matin au soir et la nuit des milliers de bras creusant » des fossés, élevant des remparts, sans qu'on jugeât à pro- » pos d'y apporter la moindre perturbation.

» Le 17, nous ouvrîmes le feu et des batteries plus formi- » dables y répondirent. Elles nous forcèrent au silence.

» Depuis, nous avons prolongé nos parallèles, mais nos » braves adversaires n'en ont pas moins conservé une supé- » riorité de feux qui nous forcent à n'avancer qu'avec une » prudence extrême. Ils réparent en une nuit les dégâts cau- » sés pendant le jour par nos projectiles. Les deux périodes » les plus remarquables depuis le début du siége sont : la » surprise des redoutes en avant de Balaklava et la bataille » d'Inkermann.

» Les Russes, ayant remarqué la faiblesse des ouvrages de » la ligne anglaise du côté du premier point gardé seulement » par des contingents turcs, les ont attaqués au point du jour ;

» ils s'en emparèrent facilement, tout en n'engageant que » leur cavalerie. Celle-ci se dirigea ensuite sur Balaklava; » mais, n'étant pas soutenue par des fantassins, elle fut » promptement repoussée par l'infanterie anglaise déployée » dans un champ de vigne. Il est à présumer que cette tenta- » tive avortée n'avait d'autre but que de ralentir nos opéra- » tions et de se rendre compte de notre situation, en prévi- » sion d'engagements plus sérieux. Au milieu de cette jour- » née, une charge intempestive de la cavalerie anglaise fut » repoussée par l'ennemi, qui infligea à nos alliés des pertes » énormes; le général Liprandi resta en possession d'une des » redoutes enlevées aux Turcs.

» Le 3 novembre, les Russes, ayant reçu de nombreux » renforts et animés par la présence des princes Constantin » et Michel, pensèrent nous donner un second épisode de » Balaklava en cherchant à s'emparer de redoutes anglaises » mal gardées. Le matin, par un brouillard épais, au nombre » de quarante mille, pourvus d'une nombreuse artillerie, ils » quittaient leurs bivouacs, placés sur la rive droite de la » Tchernaïa, et passaient la rivière pour aborder les positions » de notre aillé; des colonnes venaient également de la » ville et s'emparaient d'une arête élevée dominant l'en- » semble des avant-postes anglais et ils y plaçaient des » batteries. D'autres colonnes abordaient divers éperons » donnant accès à des ouvrages mal établis et gardés par » trop peu de monde. Les points les plus voisins de la ville » et couvrant les batteries anglaises furent rigoureusement » défendus. Nos Anglais y consacrèrent la majeure partie » de leur effectif, mais ne purent procéder en nombre suffi- » sant pour conserver des ouvrages plus éloignés. Ils en » furent chassés après une défense héroïque, et forcés de » reculer jusqu'aux premières tentes de leur campement, » lorsqu'une brigade française, conduite par le général Bour- » baki, vint à leur secours et reprit les positions conquises.

» Mais l'ennemi, étendant son front d'attaque, débordait » ces nouveaux combattants. Il les attaquait sur leur flanc » droit et rendait ainsi leur situation des plus critiques. Le » lieutenant-colonel Filhol de Camas et un grand nombre » des nôtres tombèrent à ce moment. Les Russes reprirent » leur marche en avant. Ils touchaient de nouveau au camp » anglais, lorsque deux bataillons, l'un de zouaves, l'autre » de tirailleurs, entrèrent en ligne et rétablirent le combat » à notre avantage. L'ennemi, deux fois repoussé du plateau, » mettait une rare énergie à le reconquérir; mais le terrain » trop resserré ne lui permit pas, heureusement, d'agir avec » ensemble. Il dut céder à nos troupes rompues aux com- » bats et composées de soldats d'élite. Zouaves et tirailleurs » se sont admirablement conduits, sachant même, en bat- » tant en retraite à propos, profiter du moindre accident » de terrain pour reprendre l'offensive. Durant cette longue » lutte, mes grands diables d'indigènes ont été fort remar- » qués; ils ont reçu les félicitations des généraux Canrobert » et Bosquet.

» Tandis que se livrait cette bataille dans le camp anglais, » les lignes françaises étaient attaquées à l'extrême gauche. » Les Russes, qui avaient pénétré dans nos tranchées, com- » mençaient à enclouer les pièces, lorsque la brigade de Lour- » mel, conduite par son brave général, les repoussa jusqu'aux » remparts. Leur désordre donnant l'espoir d'entrer dans la » place avec eux, nos troupes les suivaient la baïonnette dans » les reins; mais leur vaillant chef reçut une mortelle bles- » sure; il en résulta un certain désordre, et les soldats ren- » trèrent dans nos lignes. M. de Lourmel est regretté parce » qu'on lui reconnaissait toutes les qualités qui font les » hommes supérieurs. Il était beau militaire, avait une grande » bienveillance et une grande énerige, sachant se faire » obéir sans rigueur.

» Depuis le 5, voilà un mois, les Russes nous laissent

» presque dans un complet repos; à peine avons-nous eu » à repousser quelques faibles sorties. Du reste, dans cette » période, une pluie presque constante a rendu impossibles » des opérations plus sérieuses. Nos batteries tirent fort peu; » on en construit de nouvelles, dont on espère un bon effet. » Mais nos adversaires ne perdent point leurtemps et élèvent » ouvrages contre ouvrages. Le siège menace d'être intermi- » nable. »

9 décembre.

Nous prévoyons de nouveaux efforts des Russes pour retarder au moins les travaux du siège et peut-être pour chercher à ruiner nos alliés, car je crois qu'ils ont moins de haine pour l'armée française que pour les Anglais. Du reste, leur énergique et intelligente résistance nous fait estimer une nation contre laquelle nous n'avons jamais eu de griefs sérieux.

Je me rappelle qu'en 1814 et 1815, les Russes étaient, de tous nos ennemis, ceux que la France subit avec le moins de répugnance. Aujourd'hui, nous estimons tous des soldats qui se battent bravement et loyalement. Nous n'allons donc contre l'ennemi que par ordre, sans grand enthousiasme, et parce que nous désirons en finir avec les misères du siège. Le besoin d'une lutte prochaine est dans tous les esprits, au point que nos chefs s'en préoccupent. C'est sans doute ce qui vient de motiver l'ordre suivant, communiqué aux chefs de corps par les généraux :

« Corps d'observation. Au camp, le 9 décembre 1854.

» Veuillez faire donner immédiatement des ordres dans les deux brigades de la 2e division pour que la soupe soit réellement mangée demain matin au réveil et que l'on se tienne prêt à prendre les armes au premier ordre, sans sacs, mais avec les cartouches complètes, le petit bidon plein, et de quoi manger dans la journée. Tout le monde, officiers et troupes, sera consigné au camp et personne ne se rendra au travail sans que j'aie donné des ordres. Veuillez communiquer cette lettre au général Bourbaki.

» Les ordres qu'elle contient sont motivées par l'avis que j'ai reçu que des forces considérables sont rentrées en ville en traversant la rade et que l'armée anglaise s'attend à être attaquée par la route qui conduit à la maison actuellement ruinée et passe au Télégraphe. Les distributions de vivres devront avoir lieu dans la journée ; elles commenceront lorsque j'en donnerai l'ordre. L'artillerie, le génie et l'intendance sont prévenues de se tenir prêts à marcher avec les troupes.

» *Le Chef d'état-major*,

» Colonel DE CISSEY. »

Cet ordre fut suivi d'un autre portant la signature du général Bosquet et dont voici le texte :

« Donnez à l'instant des ordres pour qu'on observe avec le plus grand soin ce qui se passera devant nous, vers la Tchernaïa et Balaklava ; que demain, à la pointe du jour, je reçoive, par un cavalier au galop, avis de ce qu'il y a devant nous de ce côté, en cas d'une diversion.

» Les Anglais, qui se gardent plus sérieusement en avant du moulin et de la maison de poste ruinée, ont fait prévenir qu'ils croyaient à une attaque de ce côté.

» Au fait, les Russes, sachant par les journaux comme par les espions que nous attendons des renforts, que nous songeons à l'assaut, font leurs préparatifs dans la ville ; il pourrait bien leur venir dans l'idée d'attaquer, avant que nous soyons les plus forts, à l'endroit le plus faible.

» Nous nous tiendrons prêts et nous marcherions au premier ordre avec les deux bataillons de zouaves, les deux bataillons de tirailleurs, les deux bataillons du 7e léger et le bataillon de chasseurs à pied, que vous dirigeriez en deux groupes, par brigade, sur le point d'attaque.

» Général BOSQUET. »

Le général Bosquet était, je crois, de tous les généraux de Crimée, le plus capable de commander en chef une armée. Je l'avais déjà vu à l'œuvre dans les expéditions d'Afrique. Nous admirions tous alors le sang-froid dont il faisait preuve et l'admirable clarté avec laquelle il donnait ses ordres.

Depuis notre arrivée devant Sébastopol, ce brillant officier a montré qu'il était doué de toutes les qualités nécessaires à un général dans la grande guerre.

12 décembre.

Depuis le 8, il ne s'est rien passé de remarquable. Le temps est redevenu beau, ce qui permet à nos hommes de nettoyer vêtements et fourniment malgré un service très pénible.

Les travaux de siège, interrompus depuis à peu près un mois, sont repris avec ardeur. Nos batteries ne tarderont pas à recommencer la lutte. Beaucoup d'entre nous espèrent que Sébastopol sera à nous le 1er janvier; mais je ne me fais plus grande illusion sur cet espoir. Il faudra, en effet, de rudes combats pour avoir raison de la place.

Je vais souvent me promener à cheval jusqu'aux avant-postes et jusqu'à nos travaux d'approche, et mon cheval est si bien habitué au bruit du canon et même au sifflement des projectiles qu'il ne s'en émotionne plus.

Je me rends aujourd'hui à l'état-major général pour y féliciter mes camarades Manèque et de Beaumont qui viennent d'être promus chefs d'escadrons.

J'y ai appris combien chacun en France s'intéressait aux soldats de l'armée. Du vin, de l'eau-de-vie, des cigares, des vivres sont envoyés à nos hommes. L'effet produit par ces envois est excellent. Et d'abord il en résulte une baisse de prix imposée par l'abondance des ressources aux marchands qui sont venus s'installer près de nos camps, qui nous ont longtemps exploités et qui tous ont la prétention de faire fortune à nos dépens le plus promptement possible.

On ne saurait croire combien ces marques de bienveillance contribuent à surexciter le moral des troupes. Jamais, à aucune époque de notre histoire, on n'a fait autant pour elle.

Malgré l'ennui et les vicissitudes d'un long siège, nous n'engendrons pas la moindre mélancolie. J'ai été dîner aujourd'hui chez le colonel de Champéron, aussi agréable diseur que brillant cavalier. Je déjeune demain chez le comptable Jouvin, directeur de notre ambulance, qui, en Afrique, avait la prétention de marcher sur mes traces dans des passes difficiles, afin d'être en mesure de me ramasser si j'étais mis hors de combat. C'est un joyeux compagnon, très paternel envers ses malades. J'ai, pour mon compte particulier, une assez bonne table où les uns et les autres viennent volontier s'asseoir; ces jours-là, je sais me prodiguer d'abord à la cuisine, et j'ai quelques plats que vantent mes invités. J'ai près de moi l'adjudant-major Ameler qui arrivera à un haut grade, s'il est épargné par les projectiles; il nous inonde de charmantes caricatures. La dernière représente son chef de bataillon Mancion cherchant des pierres pour améliorer son logement souterrain et en faisant voler, la nuit, à son voisin le docteur. Celui-ci, tout emmitouflé, se montre à l'entrée de son excavation et dit à son domestique de courir sus au voleur. La charge de ces messieurs est des mieux réussies.

14 décembre 1854.

En quittant l'Afrique, le gouverneur général et les commandants des trois bataillons de tirailleurs s'étaient engagés à me fournir des contingents, afin de maintenir l'effectif du régiment que le feu de l'ennemi et les maladies devaient diminuer. Je constate, heureusement, que la mortalité est presque nulle chez nos indigènes, et le nombre des hommes mis hors de combat encore peu considérable.

Il n'en est pas moins vrai que les autorités algériennes ne se montrent nullement empressées à me satisfaire. J'écris, à ce sujet, au commandant Buffet qui me paraît le mieux disposé à me venir en aide. Je termine en lui donnant quelques renseignements au sujet du siège. Depuis quelques jours, nos travaux et nos attaques sont vigoureusement menés, et je commence à espérer, comme les autres, que peut-être nous arriverons à prendre Sébastopol pour le 1er janvier.

La longueur de ce siège paraîtra évidemment extraordinaire à bien du monde, mais les esprits sérieux se rendront compte que nous avons affaire à une nombreuse armée qui se renouvelle, qui est confortablement logée et protégée par de nombreux et formidables retranchements. Nous avons moins de canons que nos ennemis mieux abrités que nous, aussi devons-nous procéder par la sape pour aborder les remparts et tenter l'assaut avec chance de succès.

17 décembre.

On a mis sous mes yeux un article du *Courrier de Lyon* calomnieux pour mes soldats. J'écris au rédacteur en chef :

« Monsieur,

» Je lis un article de votre journal dans lequel votre
» correspondant en Crimée parle bien légèrement d'officiers et
» de soldats qui se sont admirablement comportés aux batail-
» les de l'Alma et d'Inkermann. Votre rédacteur se trompe
» en écrivant que le 5 novembre, après le combat, les turcos
» se sont montrés plus ardents au pillage qu'à la bataille.

» Le 5 novembre, les tirailleurs algériens se sont deux fois
» précipités bravement sur les Russes, les ont bousculés et
» poursuivis jusqu'à la Tchernaïa. Durant la lutte, ils se sont
» arrêtés près des blessés, mais ne leur ont enlevé que des
» cartouches et des capsules.

» Après le combat, ils se sont occupés, comme les autres
» soldats, de venir en aide aux blessés français, anglais ou
» russes ; ils en ont transporté un grand nombre aux ambu-
» lances.

» MM. les généraux Canrobert et Bosquet, témoins de leur » dévouement, ne tarissaient pas d'éloges sur la brillante va» leur et l'humanité de mes braves soldats. »

. . . .

18 décembre.

On craignait une attaque des Russes le jour de la Saint-Nicolas; des ordres détaillés ont été adressés à ce sujet au corps d'observation.

A partir de demain matin, les grand'gardes de la position d'Inkermann seront renforcées de manière à permettre que la plus grande surveillance soit exercée. Des patrouilles volantes se succéderont sans interruption et le commandant de la brigade, le colonel Clerc, est chargé d'organiser un service d'éclaireurs, l'informant rapidement de ce qui pourrait survenir jour ou nuit de ce côté.

IV

Les travaux du siège.

Aux tranchées. — Le camp des tirailleurs. — La neige. — Ce que coûte un repas en Crimée. — Arrivée de la garde impériale.

21 décembre.

Le corps d'armée d'observation n'a pas eu à prendre les armes. Profitant des loisirs que me laisse cette inaction, j'écris au maréchal de Castellane :

« Monsieur le Maréchal,

» Depuis ma dernière lettre, le mauvais temps nous a
» donné peu de jours de répit. Si l'on n'avait pas été aussi
» prévoyant à l'égard de l'armée, en lui envoyant des
» suppléments de vivres de toute nature et, en grande
» abondance, des vêtements chauds, nous aurions sans doute
» à regretter des pertes considérables.

» Les sages mesures prises par ceux qui nous commandent
» — et, on doit le dire, par l'Empereur en particulier — nous
» font supporter presque gaiement les inconvénients d'une
» campagne d'hiver. Le moral de l'armée est toujours parfait :
» officiers et soldats ne demandent que l'occasion de se
» distinguer. On se plaint généralement de la lenteur du
» siège, mais la pluie continue qui, même à de courtes
» distances, rend les communications presque impraticables,
» est pour beaucoup dans nos retards au sujet de l'attaque.

» Le 2 décembre, les batteries anciennes et nouvelles

» devaient recommencer leur feu sur Sébastopol. Il a été » impossible à nos travailleurs de terminer leurs remuements » de terre et ce n'est que l'une après l'autre que nos pièces » arrivent dans nos ouvrages et encore faut-il mettre pour » les traîner de vingt à trente chevaux. Peu de personnes » savent ici quand les travaux de circonvallation seront » terminés de manière à reprendre nos attaques. J'ai cherché » à m'en rendre compte et j'avoue que je ne sais même pas » si nous reprendrons l'offensive pour le 1er janvier. Nous » ne conservons cependant pas un silence absolu; nos » ennemis tirent beaucoup sur nos tranchées et sur nos » batteries; nous leur ripostons quelquefois.

» Afin de soulager un peu les troupes chargées du siège, » on vient de prendre des hommes de bonne volonté dans le » corps d'observation pour organiser de nouvelles compa- » gnies franches. Ces soldats sont actuellement placés de nuit » en avant de nos ouvrages les plus rapprochés de la place » afin d'éviter les surprises trop fréquentes exécutées sur » nos lignes. Les terrains très tourmentés près de Sébas- » topol favorisaient les incursions nocturnes des Russes, » leurs courses vers nos tranchées, dans lesquelles le » soldat français, trop insouciant, se laissait aller au som- » meil. Les hommes d'élite placés sans abri à soixante ou » quatre-vingts mètres des remparts rendront ces événe- » ments beaucoup plus diffciles. Des vingt-six hommes que » j'ai eu à fournir, j'en ai déjà trois mis hors de combat, dont » deux seront amputés. Le rôle de ces braves gens est un » des plus terribles qu'on puisse remplir à la guerre, car ils » voient passer autour d'eux non seulement les projectiles » ennemis, mais encore les nôtres. Si j'en dois croire leurs » rapports, quelques-unes de nos bombes, au lieu d'aller en » ville, auraient eu l'inconvenance de tomber auprès d'eux. » Je compte, comme je vous l'ai déjà fait pressentir dans ma » dernière lettre, que nous ne nous rendrons maîtres de

» Sébastopol que par un assaut. Il faut que notre artillerie » foudroie cette ville sans relâche pendant cinq ou six jours, » éteigne une partie de ses feux, dégrade une partie de ses » ouvrages en terre et qu'ensuite on lance notre brave infan- » terie sur des gens qui, jusqu'à présent, n'ont guère reculé » que devant nos baïonnettes.

» J'ai lu dernièrement avec surprise un article du » *Courrier de Lyon* qui, s'en rapportant au dire d'un de ses » correspondants, parlait du corps que je commande de la » façon la plus déplacée. Je crois devoir vous envoyer copie » de la lettre que j'ai adressée à ce sujet au gérant du journal. » Quoique ne lui ayant pas imposé l'obligation d'insérer ma » prose, je pense qu'il aura le bon esprit de le faire, afin de » prouver son regret d'avoir écrit des renseignements calom- » nieux à l'égard de soldats qui se font bravement tuer. Je » dois ajouter, Monsieur le Maréchal, que, malgré la mauvaise » réputation faite aux Arabes, il ne s'est pas trouvé jusqu'à » ce jour sur nos champs de bataille d'hommes plus humains » et moins pillards. Je l'ai voulu ainsi et je dois dire, à la » louange de ceux que je commande, que mes instructions » sont admirablement suivies.

» La mauvaise saison met à bien rude épreuve mes » pauvres tirailleurs et, cependant, ils ont moins de malades » qu'aucun autre corps. Si nous avons l'habileté d'incorporer » peu à peu des Arabes dans nos bataillons français, je suis » convaincu que l'Algérie nous fournira un grand nombre » d'excellents soldats et de brillants officiers. Mais, avant d'en » arriver là, il faut accorder au corps actuel des tirailleurs » une meilleure organisation et commencer à exiger des » tribus un recrutement régulier, préparant le peuple à notre » loi de conscription. »

---

23 décembre.

Les tranchées ou parallèles ont été développées depuis le fort de la Quarantaine jusqu'au fond du port près d'Inkermann. Nos lignes sont en plusieurs endroits à 100 ou 90 mètres de la place. Des batteries nouvelles s'établissent pour foudroyer Sébastopol avec plus de vigueur. Mais nous avançons bien lentement au gré de notre impatience. On regrette généralement qu'on n'ait pas mis à exécution les projets d'assaut formulés à plusieurs époques et particulièrement dans les premiers jours de novembre. Les Russes, fiers à bon droit de leur résistance, construisent ouvrages sur ouvrages. Il faudra des feux soutenus durant plusieurs jours, afin de nous mettre dans des conditions assez avantageuses pour lancer à l'assaut notre infanterie.

Je crois qu'après avoir fait taire une partie des pièces de la place, après avoir battu en brèche les remparts et rendu inhabitables les maisons qui servent d'abri à l'ennemi, nous pourrons marcher en avant. La place prise et si forte que soient nos pertes, il faudra attaquer les Russes campés près de là et les disperser avant qu'ils aient reçus des renforts. On annonce que deux nouvelles divisions vont rejoindre leur armée de réserve. Il est temps d'agir avec vigueur si nous voulons ne pas nous éterniser devant Sébastopol et contraindre l'armée russe à se soumettre aux volontés de la France et de l'Angleterre.

24 décembre.

On ne peut voir troupe plus dévouée à ses chefs que celle de mes braves Arabes. Bien que la misère soit grande et le froid terrible à supporter, ces braves gens résistent à tout. La pluie, la neige, l'installation déplorable des camps, l'insuffisance des vêtements, la nourriture quelquefois malsaine, toujours insuffisante, rien jusqu'à présent ne leur a enlevé de leur confiance et de leur énergie. Mes tirailleurs sont de fer, leur santé n'est pas ébranlée. L'essai que j'ai osé tenter, malgré les prévisions fâcheuses de Bosquet, de Trochu et autres, opposés à l'emploi des indigènes dans une guerre européenne, est ainsi justifié. Il est prouvé que les Arabes peuvent nous être utiles autre part qu'en Algérie, qu'ils sont nos égaux comme courage et qu'ils résistent admirablement aux misères et aux souffrances de la guerre. Nous devrions davantage nous les assimiler en les amenant à se fusionner dans nos rangs où ils perdraient en grande partie leurs préjugés.

25 décembre (1).

Une visite faite à nos travaux d'attaque me fait constater que s'ils avancent vers la place, les Russes, de leur côté,

---

(1) Le Livre d'or des tirailleurs algériens, publié en 1866, relate avec détails un incident curieux du siège à la fin de décembre et que M. de Wimpffen n'a pas rappelé.

Le général Bosquet avait résolu de tirer parti des qualités militaires qu'il avait reconnues chez les tirailleurs.

Des éclaireurs russes venaient chaque nuit jeter le trouble dans nos batteries et dans les grand'gardes. Favorisés par l'obscurité, ils s'approchaient audacieusement et tiraient sur les sentinelles avancées. Au bruit de la fusillade, les troupes s'éveillaient en sursaut, couraient aux armes, et, dès qu'elles arrivaient, les Russes se retiraient, ayant réussi à fatiguer nos hommes par des alertes continuelles, tandis que les troupes françaises, massées en arrière des grand'gardes et exposées à un froid glacial, attendaient le jour dans la pluie ou dans le brouillard, accablées de sommeil et de lassitude.

Il était temps d'en finir. Le général Bosquet résolut donc d'employer contre l'ennemi les moyens dont il se servait pour nous harceler. Il fit appel aux officiers de tirailleurs dont les soldats, rompus à toutes les fatigues et habitués à toutes les ruses de guerre, se trouvaient bien désignés pour cette périlleuse mission.

Vingt volontaires, conduits par un lieutenant indigène, sortirent une première fois et s'aventurèrent au loin sans résultat. Un second détachement, s'étant avancé jusqu'aux grand'gardes russes, mit en alerte toute l'armée ennemie. Enfin, une troisième sortie fut dirigé par le colonel de Wimpffen augmentent ceux qui doivent contribuer à prolonger leur résistance. Notre corps d'observation achève de se couvrir de retranchements de manière à avoir moins à redouter une armée russe se portant des monts Fédioutchine et de la plaine de Balaklava sur notre camp. Nous pouvons donc cheminer avec assez de sécurité sur Sébastopol, mais nous le ferons peut-être avec trop de lenteur. Nous n'aborderons pas la ville pour le 1er janvier, ce dont on est généralement contrarié. Ce retard est pourtant supporté avec assez de philosophie, car nous parvenons petit à petit à augmenter notre confortable.

Les Russes souffrent plus que nous; ils arrivent à Sébastopol fatigués et étiolés après de longs voyages par des routes à peines tracées, et par un hiver terrible.

Une armée turque est en formation à Eupatoria sous les ordres du fameux Omer Pacha, le défenseur de Silistrie.

Ici le bruit court que des négociations s'engageront prochainement entre la Russie et nous en vue de la paix. Je n'ajoute pas foi à ces bavardages, qui me paraissent inspirés surtout par les hommes des armes spéciales qui, jusqu'à présent, n'ont pas toujours été à la hauteur de leur mission.

---

accompagné du lieutenant de Lammerz. Par une nuit sombre, la petite troupe franchit les avant-postes et s'avança sans encombre jusqu'au bord du lac de la Tchernaïa, où elle se trouva tout à coup face à face avec un poste cosaque sur lequel elle fit feu. Les cosaques répondirent par quelques balles qui n'atteignirent personne et se replièrent sur le camp russe où ils jetèrent l'alarme. Le canon commença à tonner, pendant qu'une vive fusillade s'allumait dans l'obscurité. Le général Bosquet fut informé du résultat de cette sortie, et le lendemain, à la nuit tombante, une reconnaissance composée de trois compagnies fut dirigée sur les bords du lac; le poste cosaque s'y trouvait encore. Il avait été renforcé. Après un court engagement, il battit en retraite, laissant trois prisonniers entre nos mains. Ces prisonniers apprirent au général Bosquet que, dans la sortie de la nuit précédente, deux hommes avaient été blessés par les soldats du général de Wimpffen; de plus, l'ennemi, redoutant une sérieuse attaque, était resté sous les armes jusqu'au lendemain.

Depuis lors, les éclaireurs russes cessèrent d'inquiéter nos avant-postes.

28 décembre.

Après trois jours de pluie, la neige tombe en abondance et le froid est plus vif que jamais. Ma santé reste heureusement bonne, ce qui me permet de veiller au bien-être de mes soldats. Le régiment compte fort peu de malades.

Les Anglais, plus confortablement installés que nous, sont les plus éprouvés. Ils perdent, en outre, tous leurs chevaux qui sont arrivés ici trop beaux et trop gras et ne peuvent supporter les misères d'une campagne. Nos chevaux, moins bien soignés en temps de paix, résistent un peu mieux, mais sont bien fatigués ; voilà une des causes de l'insuffisance de nos moyens de transport et aussi de la lenteur de nos opérations de siège. On commence à dire que nous attendrons le printemps pour livrer assaut à Sébastopol ; je n'en crois rien. Cependant j'ignore quand nous opérerons d'une manière plus active.

30 décembre.

En terminant l'année, je juge assez intéressant d'indiquer ce que nous coûte notre nourriture sur cette terre de Crimée. Nons avons des marchands installés à Kamiesh : ce sont des Français ; d'autres à Balaklava : ce sont des Anglais. Ces derniers nous livrent moins de denrées frelatées et, si notre marine ne nous venait en aide, surtout pour nous procurer du vin de France, nous n'en absorberions que transformé par nos fournisseurs de Kamiesh en liquides sans nom.

Une note d'un de mes fournisseurs français comporte :

2 kilog. de vermicelle, 5 francs ; 2 kilog. de pois cassés, 7 francs ; 2 kilog. de graisse, 10 francs ; 5 kilog. de beurre, 25 francs ; 12 kilog. de pommes de terre, 9 francs ; 3 kilog. d'ognons, 2 francs ; 3 kilog. de lentilles, 6 francs ; 4 kilog. de farine, 10 francs.

A Balaklava, marchand anglais : 12 bouteilles de bordeaux, 42 francs ; un jambon, 25 francs ; 6 kilog. de beurre, 34 francs ; 1 pot de confiture, 8 francs ; 1 turbot, 5 francs ; 1 fromage Chester, 20 francs ; écrevisses, 3 francs ; 1 boîte de biscuits anglais, 10 francs ; 1 bouteille d'absinthe, 7 francs ; 2 douzaines d'œufs, 4 francs ; 1 pot de moutarde, 3 francs ; 115 litres vin de France, venu de Toulon par notre marine et sans frais de transport, 145 francs ; 2 pâtés d'Italie, 12 francs ; 3 pâtés de grives et de lièvres, 18 francs.

10 janvier 1855.

De grandes mesures avaient été prises dans la crainte d'une attaque générale de nos positions par l'ennemi ; mais rien de bien grave ne s'est produit : nos soldats de tranchée, engourdis par le froid, ont été un instant surpris par des détachements ennemis et, revenant à la charge, ils les ont à leur tour repoussés en leur infligeant des pertes sérieuses.

Ces alertes ont cependant produit une certaine inquiétude. Des reconnaissances commandées par nos deux généraux de cavalerie, Dallongeville et Morris, ont été envoyées dans la vallée de Baïdar.

12 janvier.

L'horrible temps que nous subissons m'impose le devoir de m'occuper avec plus de vigilance de ma troupe. Les pauvres tirailleurs, comme les autres soldats de l'armée, mal abrités sous leurs tentes d'Afrique, souffrent d'un froid intense. Il ne suffit plus d'avoir de l'énergie, il faut aussi avoir du cœur. Je me prodigue de mon mieux. J'ai une centaine d'hommes à l'hôpital, la plupart ayant des membres gelés. Beaucoup d'entre eux guériront ; les autres devront subir l'amputation.

Par le beau ou le mauvais temps, je me couche le dernier, veillant à ce que tous mes soldats soient installés sous la tente, et je me lève à la diane pour m'assurer de l'état de chacun. Certains officiers, médiocres ou paresseux, s'accommodent mal de cette surveillance.

15 janvier.

Depuis vingt-quatre heures la neige tombe si abondante que nos tentes-abris se trouvent presque complètement enfouies. Au point du jour, j'étais debout, forçant les hommes à se lever et à déblayer le camp. Je suis parvenu à les faire travailler tous, à l'exception des malades assez nombreux aujourd'hui.

Ce rôle, qui est le mien depuis le commencement de l'hiver, la vie active que je mène, loin de me fatiguer, me donnent des forces. Je dors bien, mon estomac fonctionne parfaitement, bien que la nourriture soit en ce moment fort médiocre. Je n'éprouve ni douleur, ni malaise. La température est cause de nouveaux retards dans ce siège interminable; mais les Russes, en revanche, nous laissent à peu près tranquilles. Ils nous ont éveillés dans la nuit du 12 au 13 par une formidable canonnade. Nous étions prêts à prendre les armes. Rien ne s'est produit. Le nombre des projectiles lancés donne, toutefois, à supposer que les approvisionnements de l'ennemi ne sont pas près d'être épuisés.

19 janvier.

Nous passons de rudes journées : neige abondante, froid de plus de 10 degrés et vent du nord empêchant de respirer; mes hommes commencent à souffrir, quelques-uns sont démoralisés, je me vois forcé de stimuler l'énergie de tous, officiers et soldats. C'est un moment d'affaissement qui me coûtera une centaine de soldats, mais qui n'aura point d'autre conséquence. Je tiens bon, et si un contingent de trois à quatre cents tirailleurs m'arrive dans le courant de février, je continuerai à avoir un des régiments des plus complets de l'armée.

Une division de la garde vient de débarquer. On forme un régiment de zouaves, ce qui donnera un peu d'avancement à nos cadres, et ce dont je suis enchanté. Il faut à la guerre que les grades s'obtiennent plus promptement qu'en temps de paix. Sans cela, notre genre de vie déplairait à trop de monde. J'approuve donc cette nouvelle formation et cet envoi; il faut faire partager nos dangers et nos fatigues à des fractions de corps considérées comme l'élite de nos armées. Le siège en est toujours à peu près au même point : nous cheminons avec peine vers la place, on tire peu de part et d'autre; mais les préparatifs se poursuivent. Nous remplaçons les pièces de 24 par des pièces de marine. Là, on doit porter des coups décisifs. On espère attaquer en mars.

21 janvier.

La saison est de plus en plus dure et les Russes ne nous laissent, en ce moment, que peu de repos. Nos tranchées ont encore été attaquées. Deux capitaines et un commandant, mon camarade Roumjoux, ont été tués; ce dernier, d'un coup de baïonnette qui lui a traversé la poitrine. Attaques et sorties nous coûtent toujours quelques officiers. Les Russes ne sont pas davantage épargnés. De part et d'autre, les chefs se prodiguent.

Les Anglais, toujours amis du confortable, commencent à s'installer en Crimée comme s'ils devaient y rester longtemps encore. Quelle différence entre leur camp et le nôtre! Ils ont des baraquements et même de petites maisons en pierre. Nous sommes, du reste, menacés de passer ici toute la mauvaise saison, et peut-être la prise de Sébastopol ne terminera-t-elle pas la guerre, car l'armée russe pourra toujours évacuer la Crimée.

Des forces considérables se concentrent pour nous livrer bataille et nous forcer à lever le siège.

24 janvier.

J'ai déjeuné ce matin chez le général Espinasse, qui m'a fort bien traité. Il espère passer bientôt général de division si les circonstances le favorisent un peu. C'est une des carrières militaires les plus heureuses : il y a du reste chez lui une bravoure très brillante et une grande intelligence de la guerre. J'ai été assez souvent à même de l'apprécier.

J'ai lu dans des journaux que le général autrichien de Wimpffen faisait marcher sur la frontière russe son corps d'armée; il serait bizarre de nous trouver, avec ce parent que je ne connais pas, sur un même terrain.

Les Anglais perdent presque tous leurs chevaux; les nôtres, ceux d'Afrique surtout, offrent plus de résistance. Ma jument russe, parfaitement remise de l'éclat d'obus qu'elle avait reçu, s'était trouvée ce matin encastrée dans le trou lui servant d'écurie, enfouie dans une neige durcie, ne lui laissant de libre que la tête. Prévenu au point du jour, je concourus à son déblaiement. Sitôt en liberté, la pauvre bête se mit à se secouer et à détirer ses jambes, sans paraître avoir éprouvé la moindre souffrance. Nous traversons de rudes épreuves. Si nous étions forcés de marcher en avant, ainsi que l'ont fait nos pères en 1812, nous serions sans doute victimes des mêmes désastres.

31 janvier.

Le temps est redevenu un peu meilleur. Les camps, qui disparaissaient sous la neige, sont maintenant déblayés. J'ai visité les hommes malades du régiment; officiers et médecins ont à lutter, pour les forcer à se soigner, contre leur insouciance religieuse et je veille d'autant plus à leur santé que je ne reçois plus que fort peu d'hommes d'Algérie.

Le colonel de Lavarande, excellent chef de corps que j'ai connu à Blidah, alors qu'il commandait le bataillon de zouaves, vient d'être nommé colonel des zouaves de la garde; c'est un très bon choix.

Son lieutenant-colonel est Montaudon que j'ai également rencontré comme capitaine au même bataillon à la même époque.

Le corps de la garde est très recherché.

Je préfère, quant à moi, rester actuellement à la tête de mes tirailleurs.

V

Le Mamelon Vert.

Lettres au maréchal Magnan. — Le siège de Malakoff. — Le départ du général Canrobert. — Lettres au général Camou. — L'attaque du Mamelon Vert. — Lettres au général Pélissier et au général Bosquet.

Les notes au jour le jour prises en Crimée par le colonel de Wimpffen ne vont pas au delà du mois de janvier 1855. Promu général le 17 mars de cette année, il fut mis à la tête de la 1re brigade de la 2e division de l'armée d'Orient, brigade à laquelle appartenaient les tirailleurs algériens. Il conserva ainsi sous ses ordres le vaillant régiment qu'il avait formé en Afrique et qu'il commandait avec tant d'énergie depuis le début de la campagne.

Nous empruntons à la correspondance inédite du général les lettres, rapports et documents rédigés par lui en Crimée et relatifs aux événements qui se produisirent du mois de janvier au mois d'août 1855.

Au maréchal Magnan.

« 11 janvier 1855.

» Monsieur le Maréchal, si je n'ai pas répondu depuis longtemps à votre aimable et affectueuse lettre, c'est que je ne sais comment exprimer d'une manière convenable ce que je pense de nos opérations et que je ne sais même pas, au milieu des propos divers que j'entends et d'après ce que je vois, si j'ai bien compris l'importance des travaux qu'on a déjà exécutés et de ceux qu'on entreprend contre la ville de Sébastopol. Il me répugne de mal apprécier ce que font des camarades et je préfère me taire et n'écrire généralement que sur des faits accomplis. Aujourd'hui cependant, Monsieur le Maréchal, je crois devoir rompre le silence. J'aurais pu ne vous entretenir que de la troupe que je commande; mais vous désirez des appréciations sur l'état général de l'armée et sur les obstacles que nous sommes appelés à vaincre.

» Je vous ai dit au commencement de ma lettre que j'avais peur de mal apprécier ce qui a été fait; c'est qu'en effet nous sommes sortis des règles imposées par Vauban et par tous ceux qui se sont occupés de l'attaque des places fortes.

» Nos premiers travaux se sont portés d'abord sur trois points entièrement isolés les uns des autres : les Anglais à la tour Malakoff, les Français au bastion du Mât et à la Quarantaine. Vous savez les efforts impuissants de l'artillerie contre ces divers ouvrages, et les immenses travaux du génie, qui ont porté quelques parties de la ligne jusqu'à 100 et 120 mètres des remparts et réuni les trois points que je viens de désigner. Durant ces travaux, l'artillerie paraissait se préparer à une nouvelle lutte sérieuse sur un seul point : le bastion du Mât, l'attaque de la Quarantaine étant négligée et les Anglais n'entreprenant rien autre sur la tour Malakoff. Dans ces nouveaux apprêts, on a continué à ne pas suivre les règles d'attaque, en construisant batterie sur batterie, pendant plusieurs mois, sans faire tirer sur la ville les anciennes établies et celles successivement construites. Les Russes, laissés parfaitement tranquilles, ont, à notre exemple, couvert leur ville d'ouvrages de toute sorte et mis partout des pièces de canon, de manière à avoir constamment des feux plus nourris que les nôtres et battant nos ouvrages non seulement de face, mais de flanc et parfois à revers. C'est à peu près à cette époque, lorsque la 1re division avait terminé trente ou trente-deux batteries, que sont arrivés les généraux Niel et Pélissier que l'armée a accueillis avec confiance : le premier, grâce à la réputation que lui ont value le siège de Rome et la prise de Bomarsund;

le second, en raison des brillants succès qu'il a obtenus en Afrique et aussi en raison de son caractère audacieux.

» Quarante-huit heures après l'arrivée du nouveau général du génie, on apprit qu'il avait décidé l'attaque de la tour Malakoff et que le 2e corps devait être employé à ces travaux. On s'est demandé alors quelles troupes resteraient à opposer à l'armée russe du dehors, en cas de bataille à livrer. J'ai entendu des officiers de très grand mérite émettre l'opinion que les travaux de siège devraient être abandonnés pour faire face à l'ennemi s'il se présentait du côté de Balaklava ou d'Inkermann.

» Afin de concourir à l'attaque de Malakoff et en même temps de commander le fond du port, on prit la détermination de construire des batteries et une parallèle à douze ou quatorze cents mètres du premier de ces points. Les Russes ont alors élevé deux belles batteries qui couvrent complètement le port. On n'a pas essayé de les enlever, non que nos généraux manquent de coup d'œil et d'audace, mais parce qu'il y avait impossibilité de nous établir sur les positions de l'ennemi commandées par les batteries de la rive droite de la rade et par celles des bateaux à vapeur et vaisseaux du port. Nos parallèles sont tellement étendues qu'il sera possible avant peu d'y faire une promenade de deux ou trois heures.

» Les Russes continuent à nous créer de nouveaux obstacles et, à cet effet, commencent sur la droite de la tour Malakoff des retranchements qui feront de ce point un ouvrage tout à fait formidable.

» J'ai remarqué, durant ma dernière garde, que nos batteries actuelles françaises et anglaises étaient encore trop éloignées de Malakoff pour lui causer beaucoup de mal. On sera évidemment obligé de construire de nouvelles batteries.

» Nos feux ne causent pas un dommage sérieux aux chemins couverts ni aux palissades de l'ennemi. Peut-être cette attaque n'a-t-elle pour but que de tromper l'ennemi et de faire une diversion. S'il en est autrement, nous aurons, je le crains, encore de grandes fatigues à supporter et de grands sacrifices à faire; mais cela importe peu, pourvu qu'on s'empare de la position.

» En résumé, je crois qu'on a donné trop de développement à nos lignes et que si, au commencement du siège, on avait agi avec vigueur et promptitude, on serait peut-être aujourd'hui dans Sébastopol.

» Étant donné ce que nous ont coûté les longs travaux du siège, étant donné le nombre d'hommes décimés par le feu de l'ennemi ou par la maladie, — à une certaine époque nous aurions mis difficilement sur pied cinquante mille hommes valides, — on peut regretter que cette décision hardie n'ait pas été prise.

» Nous avons reçu, depuis quelque temps, de nombreux renforts; espérons que le génie et l'artillerie ne tarderont plus à nous ouvrir les portes de Sébastopol et que l'honneur de marcher les premières à l'assaut sera dévolu aux troupes du 2e corps. »

Au même.

« 1er mai 1855.

» Monsieur le Maréchal,

» Mes tirailleurs, en lesquels on ne voulait avoir aucune confiance au début de la campagne, ne cessent de se distinguer. Ils viennent encore de reprendre une embuscade enlevée par les Russes à la compagnie d'élite d'un régiment de ligne. Les tirailleurs ont dû traverser un terrain sillonné par les feux de la place et par ceux de deux vaisseaux. Ils n'ont eu cependant qu'un homme tué par un boulet et dix blessés. Mais je vois que ce qui concerne mes hommes m'entraîne loin des considérations générales; je reviens à mon sujet.

» La rive gauche du port, en avant d'une petite baie qu'on appelle le Carénage, est dominée par deux petites collines que les Russes n'avaient pas jugé à propos de couvrir d'ouvrages; mais, pour s'opposer à notre marche sur Malakoff, ils ont construit avec une rapidité incroyable deux belles batteries dont nous serons obligés d'éteindre les feux. Là, comme ailleurs, je crois que nous avons manqué de cette audace qui fait que l'on brave quelques dangers pour en éviter de plus grands. Nous aurions pu, comme les Russes, nous installer sur ces collines; mais il nous aurait fallu braver les feux des vaisseaux. On a pensé qu'il serait préférable d'opérer de plus loin et de n'avancer que progressivement. Il n'en est résulté pour nous que de nouveaux obstacles, qui sont venus se joindre aux premiers. Nous venons de terminer une parallèle qui nous porte à 400 mètres de la tour Malakoff; de là, je ne sais encore où nous dirigerons nos travaux; mais les Russes, de leur côté, s'empressent de faire des travaux en avant du dernier ouvrage en question et, si nous n'allons un peu vite, nous sommes menacés de trouver en avant de la tour un redan, bastion ou redoute avec force canons. Je crois que nos ennemis sont nos maîtres quant au maniement de la pelle et de la pioche. Je pense que leur guerre du Caucase ne se fait qu'à l'aide d'opérations de ce genre, interceptant des routes, au moyen de camps retranchés, de colonies militaires fortifiées, etc. Nous faisons actuellement la guerre à peu près à la façon de Jules César, si ce n'est que nous avons des canons. Malgré l'espèce d'insuccès qui nous retient sous les murs de cette vaste ville de Sébastopol, l'esprit de l'armée est excellent et l'on entendra un cri de joie sortir de la poitrine de nos soldats au jour où on les mettra en présence d'un assaut ou en position de combattre sur un champ de bataille.

» Aux observations critiques que je viens de faire, il est bon d'ajouter, en faveur de nos généraux, que nos armées ont énormément diminué depuis Inkermann, et que si les Russes n'ont pas autant souffert dans leurs effectifs, leurs généraux ont commis une grande faute en ne venant point de nouveau nous inquiéter. D'après ce qui nous a été dit, nous pouvions à peine, à certains jours, mettre cinquante mille hommes d'infanterie sur pied pour répondre à l'ennemi intérieur et à celui extérieur, s'il s'était présenté. La bataille d'Inkermann a eu l'immense avantage de nous faire considérer par nos ennemis comme inattaquables dans nos positions : je souhaite que l'ennemi ne nous redoute pas moins le jour où nous monterons à l'assaut. »

Au même.

« 20 mai 1855.

» Monsieur le Maréchal,

» Un grand événement vient de s'accomplir dans notre armée : le remplacement du bon, du loyal et du brave général Canrobert par le général Pélissier. Malgré l'autorité du premier, je suis persuadé qu'il est heureux pour nous que le commandement soit entre les mains du second. Celui-ci aura encore bien des difficultés à vaincre et je ne sais si, malgré son énergie, sa connaissance de la guerre et des hommes, il parviendra à les surmonter. Cependant, j'ai bon espoir. On attendait ici la présence de l'Empereur qui aurait produit le meilleur effet sur l'esprit des troupes et sur nos alliés et aurait certainement contribué à consolider le régime actuel. Des raisons de politique intérieure s'opposent, paraît-il, au voyage de Sa Majesté. Peut-être, d'ici, ne pouvons-nous pas les comprendre très bien. Son arrivée aurait permis de conserver à la tête de l'armée un homme digne du commandement, mais trop hésitant.

» Vous connaissez peut-être parfaitement les derniers incidents qui se sont produits. Je vais les résumer en quelques mots. Toute l'armée était dans la plus vive impatience de combattre, lorsque, le 8 avril, on fut prévenu que toutes nos batteries allaient tonner contre la place. Durant les premières vingt-quatre heures, on croyait le feu de l'ennemi supérieur au nôtre; au contraire, nos canons avaient sérieusement endommagé le bastion du Mât et le bastion Central et, en moins de deux jours, les Ouvrages Blancs, du côté de la tour Malakoff, étaient complètement réduits au silence. On espérait recevoir des ordres pour attaquer ces retranchements qui n'étaient plus suscceptibles de la moindre résistance, ce qui nous donnait la facilité de resserrer davantage la tour Malakoff et de pouvoir l'aborder par le fond du port, où est peut-être son côté le plus faible. Rien ne fut fait pour nous apprendre qu'il y avait opportunité de se porter ainsi en avant.

» Le troisième jour, nous fûmes obligés de diminuer l'intensité de nos feux et, depuis jusqu'à présent, les coups de canon tirés du côté de Malakoff n'ont eu d'autre résultat que de prouver que nous n'avons pas complètement abandonné la partie.

» Les Russes se sont mis à réparer et à rendre plus formidable que jamais ce que nous avions démoli. Du côté du 1er corps, les choses se sont passées moins pacifiquement. De temps à autre, il y a eu des coups de boutoir, de notre part, montrant aux Russes qu'au premier ordre notre brave infanterie se précipiterait sur eux avec un acharnement sans égal. La prise des embuscades en avant du bastion Central, ainsi que l'occupation du cimetière, ont été de magnifiques actes de vigueur; on a même dû contenir l'ardeur de la troupe.

» Les plus braves allaient à l'encontre de leurs chefs en

déjouant les points occupés et en courant jusqu'aux fossés de la place pour en connaître la profondeur et se rendre compte des moyens de les traverser. Je crois que, si dès le commencement du siège, tout en agissant avec prudence, on n'avait pas hésité cependant à profiter de l'énergie de la troupe pour s'emparer successivement des lignes ennemies, Sébastopol serait actuellement aux abois. Je continue à croire qu'il nous est possible de prendre la place sans aller investir le fort du Nord. Il est cependant probable que nous engagerons cette opération en raison de nos forces qui s'élèvent aujourd'hui à un chiffre très considérable par suite de l'arrivée de la division de réserve.

» Vous aurez lu sans doute, avant ma lettre, l'ordre du jour du général Canrobert et celui du général Pélissier; tous deux ont produit une excellente impression. On aime beaucoup le général Canrobert, brave et très soucieux du bien-être des troupes; mais on est persuadé que M. Pélissier ne tardera pas à ordonner l'assaut et à prendre la ville. Je partage leur confiance. Je trouve que notre seule faute est de manquer d'audace.

» Notre armée est magnifique; l'état sanitaire est des plus satisfaisants, et les corps qui avaient été rudement éprouvés du choléra, à Constantinople, perdent beaucoup moins de monde depuis le débarquement sur le plateau. On s'occupe en ce moment d'organiser la réserve composée de la garde. »

Au général Camou.

« Au pied du Mamelon Vert, 8 juin 1855,
6 heures du matin.

» Mon Général,

» Je ne puis vous dire qu'une chose, c'est qu'au sortir des parallèles. au signal des fusées à 6 heures 40 du soir, les troupes, sous mon commandement, se conformaient aux dispositions prescrites. Je dois ajouter que les tirailleurs se sont élancés avec une telle impétuosité qu'ils étaient les premiers arrivés sur les batteries. Le colonel du 50e de ligne, M. de Brancion, a été magnifique. Le lieutenant-colonel, M. Leblanc, suivait son exemple non loin de lui et payait malheureusement de sa vie son intrépidité. Le colonel de Polhès a été admirable de sang-froid. C'est à la valeur et à l'intelligence de tous que je dois d'avoir chassé l'ennemi de ses positions. Le général n'a eu qu'à suivre le mouvement. Si les troupes se sont retirées un instant, c'est que les renforts avaient tardé à se montrer, en raison de la distance et de la difficulté du terrain. La droite a soutenu le plus longtemps possible l'effort de l'ennemi. Là, surtout, les braves tirailleurs ont éprouvé des pertes sensibles. Lorsque les troupes sont arrivées pour reprendre l'offensive, tous se sont élancées d'une manière aussi brillante que la première fois contre un ennemi qui n'a plus osé reparaître.

» Les tirailleurs ont eu quinze officiers tués, dix-sept blessés.

» Les zouaves, trois officiers tués, quinze blessés dont les deux chefs de bataillon. M. le commandant Gibon, des tirailleurs, a été également mis hors de combat.

» Le 50e de ligne, qui a montré une valeur égale aux deux autres troupes que je viens de vous signaler, n'a pu, en raison de la disparition de ses deux chefs, l'un et l'autre restés sur le terrain, me donner connaissance de ses pertes. Il ne me sera possible de vous en donner exactement le chiffre qu'à notre retour au camp.

» J'ai eu l'un de mes officiers d'ordonnance, M. le lieutenant Prouvost, blessé ; malgré sa contusion, il ne m'a pas quitté un seul instant.

» Je termine, mon Général, en vous assurant une fois de plus que je suis fier d'exercer sous vos ordres le commandement de la 1re brigade de votre division.

» Bombes, obus, mitrailles, boulets et balles autour de nos braves soldats, rien ne saurait arrêter leur entrain, leur élan et leur bravoure. »

Au général Camou.

« 10 juin.

» Mon Général,

» D'après votre invitation, je me suis empressé de vous adresser un mot au sujet de l'attaque du Mamelon Vert. Je crois devoir ici me répéter et y ajouter les noms de quelques personnes que j'ai particulièrement remarquées.

» Au signal des fusées, les trois bataillons sont partis avec une admirable intrépidité dans la direction du Mamelon Vert ; les autres bataillons n'ont pas tardé à les suivre. Entraînés par une égale ardeur, officiers et soldats ne furent pas arrêtés par les obstacles ; tous pénétrèrent bientôt dans la redoute. La promptitude avec laquelle cette position fut enlevée nuisit aux mesures d'ordre et à l'observation des limites d'action dans lesquelles le soldat devait se renfermer. Exaltés par un si brillant succès, quelques hommes s'étaient portés trop en avant et ne tardèrent pas à être ramenés par les Russes sortis de la place. Ce retour inattendu de l'ennemi entraîna la retraite des bataillons un peu aventurée ; mais bientôt, à la vue du 4e de chasseurs à pied et d'autres troupes qui venaient prendre part au combat, nos soldats marchèrent de nouveau en avant. L'ennemi ne tint pas devant l'impétuosité de leur attaque et s'empressa de disparaître derrière les ouvrages des corps de place.

» Les parallèles de la redoute enlevée furent aussitôt régulièrement occupées.

» Je m'assurai que les mesures de défendre étaient convenablement prises. Je trouvai dans la redoute M. le colonel Duprat de la Roquette dont la troupe était parfaitement disposée ; j'ai cru devoir lui en faire mes félicitations et lui dire que j'étais heureux de lui laisser la direction de la défense de l'ouvrage.

» Plus tard je rencontrai M. le général Bisson et enfin M. le général Vergé, sous les ordres duquel je m'empressai de me placer ; M. le général Vergé, se réservant d'occuper l'intérieur de l'ouvrage, me fit garder avec la 1re brigade la ligne qui s'étend du ravin du Carénage à la redoute.

» J'ai omis, mon Général, en vous parlant de mes efforts pour arrêter l'élan irrésistible de mes troupes et les retenir dans l'ouvrage, de vous citer M. le colonel de Polhès, qui m'a puissamment aidé, et dont l'énergie calme et le sang-froid sont remarquables ; M. de Preserville, chef de bataillon du génie, qui, des premiers dans la redoute, s'occupait d'installer la défense et faisait froidement appel à la raison du soldat, cherchant à le déterminer à ne pas se porter en avant.

» Dans les grades inférieurs, j'ai remarqué M. le lieutenant Besson, du 100e de ligne, que j'ai particulièrement recommandé à son colonel, et M. Prouvost, lieutenant de chasseurs à pied, faisant près de moi les fonctions d'officier d'ordonnance, qui, malgré une forte contusion, n'en a pas moins continué son service (1). »

Au général Pélissier.

« Au camp, le 15 juin 1855.

» Mon Général,

» Le départ prescrit pour demain à la 2e division m'empêche d'avoir l'honneur de me rendre chez vous. Depuis que vous avez pris le commandement en chef de l'armée, j'ai été tellement absorbé par mon service qu'il m'a été impossible de remplir un devoir qui me tenait au cœur, parce que j'avais pressenti, dans les quelques rapports que les circonstances m'ont permis d'avoir avec vous, que vous étiez très disposé à avoir de la bienveillance à mon égard. Le passage d'une lettre de vous qu'a daigné me communiquer le général Camou n'a fait que confirmer ce que je pensais, et me porte aujourd'hui, ne pouvant m'exprimer de vive voix, à vous faire savoir combien je tenais, dans l'attaque du Mamelon Vert, à me conformer strictement à ce que vous aviez ordonné.

» Le jour de l'attaque, je réunissais successivement autour de moi les officiers, sous-officiers et caporaux de chacun des régiments placés sous mes ordres; je leur faisais savoir le but qui nous était imposé et ma ferme résolution de ne pas aller au delà. J'en appelais à tous leurs bons sentiments pour vaincre tous les obstacles qui se rencontreraient sur notre

(1) Dans la réunion des généraux qui précéda l'attaque du Mamelon Vert, le général de Wimpffen, prévoyant qu'après l'assaut les soldats seraient entraînés vers Malakoff, avait proposé de mettre à profit cet élan pour surprendre le célèbre retranchement. Son avis ne prévalut pas.

route, et aussi pour résister à tout entraînement qui pourrait nous déterminer à aller plus loin. Je les prévenais en outre que ma ferme détermination était de ne pas dépasser le Mamelon Vert et que j'abandonnerais ceux qui contreviendraient à mes ordres, c'est-à-dire aux vôtres. Les troupes de ma brigade se précipitèrent comme une avalanche sur les obstacles à enlever ; un succès trop promptement obtenu et, je l'avoue avec regret, de trop nombreuses libations provenant de la distribution des dons nationaux, furent cause que ma voix et mes efforts restèrent impuissants à l'égard d'un assez grand nombre d'hommes qui, s'étant portés trop en avant sans appui, furent vigoureusement ramenés et occasionnèrent le désordre momentané qui a été porté à votre connaissance.

» Quant à moi et aux colonels Rose et de Polhès, nous sommes restés aux limites qui nous avaient été fixées ; nous avons fait notre devoir, comme on devait l'attendre de gens d'honneur et dévoués à leurs chefs.

» Je ne suis entré dans ces explications, mon Général, que parce que je tiens à votre haute estime, et que je désire être réellement connu de vous sous le point de vue qui m'est le plus cher, celui de l'homme du devoir.

» Général DE WIMPFFEN. »

Au général Camou.

« Au camp, le 22 juin 1855.

» Mon Général,

» Je vous ai exprimé, dans mon rapport concernant l'affaire du 7, que M. le colonel de Brancion, du 50e de ligne, s'était comporté avec une grande bravoure, et si je ne vous ai point relaté d'une façon toute particulière les causes qui ont amené sa première blessure, et la seconde qui a entraîné sa mort, c'est que je n'ai point voulu faire savoir que cet officier avait outrepassé mes instructions. Mais, comme le rapport qui vient d'être fait indique qu'il a été tué au moment où il plantait son drapeau sur le Mamelon Vert, je tiens à établir les faits sous leur véritable point de vue.

» M. de Brancion a conduit bravement sa troupe sur le Mamelon Vert; mais, entraîné par l'ardeur des soldats qui l'entouraient, il quitta ce poste qui lui avait été fixé pour se porter avec eux sur la tour Malakoff. C'est à 300 ou 400 mètres en avant du Mamelon Vert que M. de Brancion a reçu sa première blessure; c'est au moment où il était reconduit par des soldats vers le point qu'il n'aurait pas dû quitter qu'il a reçu la seconde.

» Si je me décide à faire cettre rectification, c'est que je tiens à établir l'action qui a déterminé le 50e, en masse, à se porter en avant, et qui a entraîné un certain nombre d'hommes, de zouaves et de tirailleurs à suivre ce mouvement.

» MM. Rose et Polhès, au contraire, ont parfaitement suivi les instructions que je leur avais données, en restant avec moi dans les limites qui leur avaient été déterminées avant le combat. »

Au général Bosquet.

« 17 août 1855.

» Mon Général,

» J'ai l'honneur de vous rendre compte que, conformément à vos ordres, je m'empressai de faire doubler les grand'gardes le long de la Tchernaïa jusque près du pont de Traktir et, de plus, de faire placer deux compagnies de chaque régiment le long du canal. Dès que ces mesures furent prises, je me rendis sur le plateau occupé par la division du général Herbillon, afin de diriger le 50e de ligne et les zouaves, de manière à coopérer énergiquement à la défense générale. Ces troupes descendirent de leur bivouac en se déployant et se portèrent sur le terrain qui domine le canal, la droite à 400 ou 500 mètres du pont de Traktir, la gauche vers la petite Maison-Blanche, avant-poste ordinaire des zouaves. Le général de Failly m'ayant fait prévenir qu'il était débordé sur sa gauche et que le pont de Traktir était dépassé par les Russes; remarquant d'ailleurs que notre ennemi gravissait en grand nombre la pente qui se trouvait sur la droite du 50e de ligne, j'ordonnai au colonel Douay de faire exécuter à sa troupe une demi-conversion et de courir sur les Russes à la baïonnette, de les poursuivre jusqu'au canal. Le colonel du 50e de ligne a conduit d'une manière parfaite son régiment et les Russes ont été si énergiquement repoussés, qu'ils ont effectué une retraite précipitée, laissant sur le terrain un grand nombre des leurs. Au même moment, les troupes, sur notre droite, faisaient repasser aux Russes le pont de Traktir, ainsi que les autres points du canal, situés à droite.

» Les mouvements des masses russes m'ayant donné à supposer qu'elles se porteraient aussi vers la partie du canal où se trouve la petite Maison-Blanche, j'avais donné l'ordre à M. le colonel de Polhès de s'y porter avec le 3e zouaves. Cette troupe a eu à soutenir là une attaque des plus violentes. Plusieurs officiers y ont été tués ou blessés.

» Dans la dernière catégorie se trouve le brave colonel de Polhès.

» Les Russes, ayant fait avancer de nouvelles masses, parvinrent encore à se jeter sur le pont de Traktir et à se rapprocher du canal. Le 50e de ligne, replacé derrière ce dernier obstacle, s'y maintient avec toute l'énergie qu'il avait montrée dès le début de l'action. Au moment où cette dernière lutte paraissait à son apogée, un bataillon du 82e se porta sur le flanc droit des assaillants. Bientôt ceux-ci furent refoulés et s'enfuirent en désordre, tandis que notre artillerie semait la mort dans leurs rangs.

» Nos pertes ont été sérieuses ; je vous adresserai les états dès que les corps me les feront parvenir (1).

» Le général Read, qui commandait l'armée russe à l'attaque de la Tchernaïa, fut tué dès le début de l'action. Le prince Gorstchakoff prit alors le commandement. Les Russes combattaient avec acharnement ; mais, pris de front et de flanc, accueillis par une vive fusillade ainsi que par le feu nourri des batteries des positions françaises et piémontaises, ils durent battre en retraite vers 9 heures du soir, laissant six mille des leurs tués ou blessés et deux mille prisonniers. »

A la suite de cette bataille, la division Camou, dont faisait partie la brigade Wimpffen, fut citée à l'ordre du 17 août 1855 du commandant chef comme ayant été à la hauteur de sa vieille réputation.

VI

L'assaut.

La colonne d'attaque. — L'assaut. — Le 1er zouaves et le 7e de ligne. — Les tirailleurs. — Les chasseurs à pied. — Mac-Mahon et Wimpffen à la gorge de Malakoff. — Les tués et les blessés. — Lettre du général Bosquet. Un second hiver devant Sébastopol.

L'assaut de Malakoff, le dernier acte du drame, était fixé au 8 septembre 1855; le général de Wimpffen, commandant une des brigades d'attaque, sous les ordres du général de Mac-Mahon, en a laissé un récit très complet et très émouvant, rédigé en janvier 1858, d'après les souvenirs de plusieurs officiers généraux et supérieurs ayant pris part à la lutte et réunis en conférence par M. le général de Mac-Mahon.

Parmi eux se trouvaient :

M. le général Decaen, ex-colonel du 7e de ligne ;

M. le général de Wimpffen, ex-commandant de la brigade de soutien à l'assaut de Malakoff ;

M. le général Orianne, ex-colonel du 20e de ligne ;

M. le colonel d'état-major Lebrun, ex-chef d'état-major de la division d'assaut ;

M. le colonel Douay, commandant le 3e régiment de voltigeurs de la garde ;

M. Sée, chef de bataillon au 96e de ligne, ex-capitaine au 1er régiment de zouaves, commandant un bataillon de ce régiment le jour de l'assaut ;

M. Boul, chef d'escadron d'état-major, aide de camp du général de Mac-Mahon ;

M. Goetzmann, capitaine au régiment de zouaves de la garde.

La colonne d'assaut chargée d'enlever aux Russes l'ouvrage de Malakoff était composée ainsi qu'il suit :

ETAT-MAJOR

Général commandant : M. le général de division de Mac-Mahon.
Chef d'état-major : M. le colonel Lebrun.
Commandant l'artillerie : M. Joly, chef d'escadron d'artillerie.
Commandant le génie : M. Ragon, chef de bataillon.

TROUPES

Division de Mac-Mahon.

1re brigade sous les ordres du colonel Decaen, commandant par intérim.

1er régiment de zouaves (deux bataillons, colonel Collineau).
7e de ligne (trois bataillons, colonel Decaen).

2e brigade sous les ordres du général Vinoy.

1er bataillon de chasseurs à pied (un bataillon, commandant Gambier).
20e de ligne (trois bataillons, colonel Orianne).
27e de ligne (trois bataillons, colonel Arian).

Régiment de soutien.

Régiment de zouaves de la garde impériale (vingt-sept officiers et six cents baïonnettes; deux bataillons, colonel Janin).

Brigade de réserve sous les ordres du général de Wimpffen (1re brigade de la 2e division).

3e régiment de zouaves (un bataillon, colonel de Polhès).
50e de ligne (trois bataillons, lieutenant-colonel Nicolas-Nicolas).
Régiment de tirailleurs algériens (deux bataillons, colonel Rose).

Le 8 septembre 1855, à midi, conformément aux dispositions arrêtées par le général en chef, les troupes de la 1re brigade de la 1re division du 2e corps (division de Mac-Mahon), c'est-à-dire deux bataillons du 1er régiment de zouaves et deux bataillons du 7e de ligne, s'élancèrent en même temps de la 7e parallèle pour se jeter sur les retranchements ennemis.

Ces quatre bataillons opérèrent simultanément leur mouvement de la manière suivante :

Le 1er bataillon du 1er régiment de zouaves se dirigea au pas de course sur l'extrémité de la courtine qui lie Malakoff au Petit Redan, se jeta dans le fossé, le parcourut un instant par un mouvement de tête de colonne à gauche, gagna ainsi le fossé du saillant de Malakoff et escalada l'escarpe et le parapet, à l'angle d'épaule formé par le saillant et la courtine.

Le 2e bataillon du même régiment se jeta pour ainsi dire d'un seul bond dans le fossé même du saillant et escalada le parapet un peu à gauche du point où le 1er bataillon le franchissait lui-même.

L'escalade eut lieu sans secours d'échelles ou d'engins quelconques pour la presque totalité des hommes de ces deux premiers bataillons. La queue de la colonne, formée par le 2e bataillon, put seule profiter des premières échelles jetées sur le fossé. Un certain nombre d'hommes choisis parmi ceux qui marchaient en tête des deux bataillons avaient été munis de pioches à manche court, qui leur furent très utiles. Chaque coup de pioche donné par les hommes dans les talus d'escarpe ou du parapet servit à leur donner un point d'appui solide, au moyen duquel ils purent s'élever davantage et se rapprocher de la crête.

Quant aux camarades qui venaient après eux, ils n'eurent, pour parvenir au haut du parapet, que l'aide des mains ou bien les épaules de ceux qui les suivaient eux-mêmes, dans cette ascension aussi difficile que périlleuse.

Deux bataillons et deux compagnies du 7e de ligne se jetèrent, comme le 2e bataillon du 1er régiment de zouaves, sur le saillant de l'ouvrage, mais un peu sur la gauche de ce bataillon (au point M) ; ils se répandirent dans le fossé depuis la gauche des zouaves jusqu'à l'angle qui fait le saillant de Malakoff avec le grand retranchement des batteries Gervais. Le reste du régiment (quatre compagnies) ne fut point obligé de se jeter sur le fossé; il put se servir des premières échelles que le génie venait d'y jeter; le 7e de ligne escalada ainsi le parapet presque en même temps que les zouaves et, après quelques minutes, sa tête de colonne paraissait sur la crête.

Arrivées ainsi sur le haut du parapet, les têtes de colonne du 1er zouaves et du 7e de ligne eurent un combat furieux à engager avec les Russes. Abordés par nos soldats avec une impétuosité qui ne leur permettait plus de continuer de rester à celles de leurs bouches à feu qui avaient des vues sur notre ligne d'attaque, les canonniers russes s'étaient élancés de leurs plates-formes sur le parapet ou dans les embrasures pour joindre leurs efforts à ceux de leurs camarades fantassins placés sur les banquettes. Ils essayèrent de rejeter les assaillants dans le fossé, en cherchant à les assommer à coups de refouloirs et d'écouvillons au fur et à mesure qu'ils arrivaient sur eux. Pendant quelques instants la baïonnette, l'arme blanche et ces massues furent seules mises en jeu par les combattants des deux côtés; peu de coups de fusils se firent entendre, dans cette lutte héroïque. Il faut rendre cette justice à nos adversaires qu'ils combattirent là en gens décidés à mourir héroïquement et à ne point lâcher prise. La plupart de ceux qui couronnèrent ainsi le saillant de Malaffok pour contenir le flot grossissant de nos soldats y trouvèrent une mort glorieuse.

Un feu violent de mousqueterie, partant des premières traverses intérieures de l'ouvrage, tua ou mis hors de combat bon nombre de nos zouaves et de nos fantassins du 7e de ligne, au moment où ils se précipitèrent du haut du parapet sur les pièces de l'ennemi et sur le terre-plein de la tour en ruines de Malakoff.

Toutefois, lorsque, après quelques minutes de ce premier combat corps à corps, le sommet de la plus grande partie du retranchement compris entre la courtine du Petit Redan et les batteries Gervais se trouva assez fortement occupé par nos troupes, les défenseurs russes se replièrent vivement, abandonnant les trois petites traverses rapprochées du réduit de la tour (1).

Ils couronnèrent alors fortement les trois grandes traverses de la redoute.

Cent quarante à cent cinquante Russes, surpris et débordés par leur droite et par leur gauche, n'eurent pas le temps de suivre ce mouvement rétrograde de la défense; ils furent réduits à se réfugier en désordre dans la casemate crénelée de la tour. Pendant une heure environ, ils y demeurèrent barricadés, faisant feu des créneaux sur l'espace qui sépare l'entrée de la tour de la terrasse; ils nous tuèrent ou blessèrent un certain nombre d'hommes. On mit le feu à quelques gabions à l'entrée du réduit pour remplir la tour de fumée et les obliger à se rendre. Comprenant que toute défense ultérieure leur serait inutile, ils se constituèrent prisonniers (2).

Le 1er régiment de zouaves et le 7e de ligne attaquèrent bientôt la deuxième ligne de défense de l'ennemi, formée par de solides retranchements.

Pendant qu'une fraction de ces deux corps se jetait en avant par l'ouverture qui sépare les traverses C et D, une

(1) Ce fut à ce moment de l'attaque que fut blessé grièvement le colonel d'état-major de la Tour du Pin, qui avait réclamé du général de Mac-Mahon la faveur de se joindre comme volontaire aux officiers de son état-major. Cet officier supérieur mourut plus tard des suites de sa blessure, comme il rentrait en France.

(2) Un colonel se trouvait à la tête de ces prisonniers; il fut tué d'un projectile russe, alors que, sorti de Malakoff, on le conduisait avec le détachement de prisonniers au grand quartier général de l'armée française.

autre escaladait les petites traverses B, C, et dirigeait de là un feu nourri sur l'ennemi.

La masse principale abordait à la baïonnette le sommet des traverses C et D, et, enfin, plus à gauche, quelques compagnies du 7e de ligne se prolongeaient sur la grande face ouest à Malakoff, gagnant du terrain et s'avançant insensiblement d'embrasure en embrasure, jusque vers le point P (*voir le plan*). Dans ce moment, la tête de la brigade Vinoy arrivait dans Malakoff pour prendre une part active au combat. Les corps de cette brigade avaient suivi sans interruption ceux de la 1re, des 7e et 6e parallèles, dans lesquelles on les avait massés avant l'attaque ; ils avaient marché dans l'ordre suivant :

Le 1er bataillon de chasseurs à pied ;
Le 20e de ligne ;
Le 27e de ligne.

Le 1er bataillon de chasseurs à pied, qui suivait les traces du 7e de ligne, voyant le gros de ce régiment entrer dans Malakoff, se jeta du parapet du saillant qu'il venait de franchir dans le grand retranchement des batteries Gervais, fortement occupé par l'ennemi. Il en tua ou chassa les défenseurs, s'empara, en se prolongeant au pas de course sur tout le développement du retranchement, de toutes les pièces russes, et ne s'arrêta dans ce mouvement qu'à l'extrémité des batteries, là où le retranchement tombe dans le fond du ravin Karabelmaïa, et se lie aux ouvrages russes du Grand Redan. Il se maintint solidement dans cette position, ripostant au feu des nombreux travailleurs de l'ennemi, embusqués dans les masures du faubourg Karabelnaïa, et répondant aussi, un peu plus tard, au feu des troupes russes qui étaient sorties du Grand Redan pour se porter sur les batteries Gervais, après l'attaque infructueuse des Anglais sur le Grand Redan.

Pendant ce mouvement du 1er bataillon de chasseurs à

pied, le 1er régiment de zouaves et le 7e de ligne avaient débusqué l'ennemi des traverses B, C, D et l'avaient rejeté derrière une troisième ligne de feu formée par les traverses G, F. Plusieurs fois, les têtes de colonne de ces deux corps essayèrent de forcer cette ligne : le 7e de ligne, en escaladant le retranchement QR de la face ouest de Malakoff; le 1er zouaves en débouchant par les défilés qui séparent les traverses G et F, F et E. La résistance, fortement organisée sur ces traverses et en arrière des débouchés qu'il fallait franchir, avait obligé chaque fois ces têtes de colonne à rétrograder pour aller se constituer plus fortement.

Il résulta de ces premières attaques infructueuses un temps d'arrêt dans notre mouvement en avant, qui permit à la 2e brigade d'arriver sur le lieu de l'action et de joindre ses efforts à ceux des premiers régiments engagés. Le 20e de ligne avait franchi le fossé un peu à droite au point où le 1er bataillon de zouaves l'avait franchi lui-même. Il avait ensuite marché dans les traverses de ce bataillon, avait couronné la traverse E et une partie du parapet de la face est, se dirigeant sur cette face vers le point R. Définitivement, il était parvenu à déloger les défenseurs de la traverse E et s'était massé en partie derrière la traverse H se disposant à l'escalader et à la tourner par la droite. Pendant ce temps, le 27e, qui était entré dans l'ouvrage à la suite du 20e, s'était aussi répandu le long de la crête de la face est, était parvenu au point R, flanquant par ce mouvement la portion du 20e massée derrière la traverse H et prenant de flanc ou d'écharpe les défenseurs des traverses H, F et G. Ceux-ci, concentrés par leurs mouvements successifs rétrogrades, nous présentaient alors des masses assez imposantes. Peut-être même venaient-ils à cet instant de recevoir des renforts, venus de l'extérieur. Quoi qu'il en puisse être de cette dernière supposition, ils paraissaient prendre leurs dispositions pour un retour offensif fortement organisé.

Le général commandant la division expédia alors en hâte

tous les officiers de son état-major pour presser l'arrivée du régiment de zouaves de la garde et celle de la brigade Wimpffen. Dans ce même moment, apparaissait sur la courtine le 3e régiment des voltigeurs de la garde impériale, réserve de la division de la Motterouge. Le général Vinoy, ne voyant point déboucher encore la brigade de soutien, crut devoir insister pour obtenir sans retard sa coopération. Il fit dire au colonel Douay, son colonel, que la présence de ses voltigeurs, qui ne paraissaient plus nécessaires sur la courtine, pouvait être très utile sous Malakoff, et le colonel prit aussitôt ses dispositions pour y amener son 3e bataillon. Mais, pendant que ces ordres d'arriver parvenaient à la brigade Wimpffen, brigade de réserve, au régiment de zouaves, au 3e bataillon des voltigeurs de la garde, un mouvement magnifique eut lieu dans tous les corps de la 1re division. La 1re brigade, à la voix de ses chefs de corps, et la 2e brigade, à celle du général Vinoy, s'élancèrent en même temps sur les traverses G, F, H. Les plus intrépides, arrivés les premiers au sommet, passèrent sur le corps des Russes, qui essayèrent d'y tenir. Ils culbutèrent ceux qui se trouvaient au pied des talus et ne s'arrêtèrent dans leur charge vigoureuse que lorsqu'ils eurent balayé le terre-plein G, F, H, I, R, Q et qu'ils se furent emparés du sommet de la traverse I.

Ce suprême effort, couronné du plus heureux succès, décida de la prise définitive de tout l'espace qui nous restait encore à conquérir dans l'intérieur de l'ouvrage. Les Russes essayèrent de se reformer derrière les traverses J, K, N, S, T, L. Pendant quelques instants, ils se défendirent avec une certaine obstination; mais, se voyant bientôt débordés à droite et à gauche par nos troupes qui gagnaient du terrain sur la crête des parapets des deux faces est et ouest de Malakoff, comprenant que nous allions les tourner et leur couper la retraite du côté de la gorge, ils évacuèrent la forteresse et allèrent occuper, en arrière des ruines de Karabelnaïa, le retranchement de la deuxième enceinte parallèle à la courtine et celui qui lie la gorge de Malakoff avec la grande caserne de Karabelmaïa. De ces ruines et de ces retranchements, ils continuèrent à diriger un feu très vif de mousqueterie sur celles de nos troupes qui garnissaient les parapets de Malakoff. Après le combat dont nous venons de rendre compte, combat qui nous avait complètement rendus maîtres de Malakoff, les batteries russes de la baie de l'Arsenal, du Grand Redan et du côté nord de Sébastopol redoublèrent leur feu d'intensité, concentrant leur action sur le point capital que nous venions d'enlever. Pour en atténuer autant que possible les effets meurtriers, nos bataillons, moins inquiétés par la fusillade, reçurent l'ordre de s'établir le long des parapets et derrière les traverses qui pouvaient le mieux les garantir des projectiles pleins ou creux tombant incessamment dans l'intérieur de l'ouvrage.

Le 1er régiment de zouaves avait beaucoup souffert. Le général commandant lui donna l'ordre de sortir de Malakoff et d'aller reprendre dans la septième parallèle la position qu'il y avait occupée avant le moment de l'assaut.

Déjà plusieurs explosions de mine avaient eu lieu dans les retranchements russes les plus voisins de Malakoff. L'une d'elles s'était produite au centre de la courtine, à peu près vers l'instant où l'ennemi évacuait cet ouvrage ; il était bien à présumer que les Russes allaient faire jouer quelques fourneaux de mines, dans l'intérieur de Malakoff même. Sous la pioche de nos sapeurs du génie, occupés à éteindre l'incendie à l'entrée du réduit de la tour, on venait de découvrir des fils électriques communiquant à l'intérieur de la place avec le réduit de la tour. Tout indiquait que ces fils étaient préparés pour mettre le feu à ces fourneaux de mines. En prévision donc d'une forte explosion, qui pouvait faire sauter l'ouvrage, il fut prescrit au colonel du 1er régiment de zouaves de se jeter de nouveau sur la position de Malakoff et de nous en assurer la possession dès que les mines auraient joué.

Pendant que le 1er régiment de zouaves exécutait son mouvement pour aller se masser dans la septième parallèle, la brigade de soutien, le régiment des zouaves de la garde et le 1er bataillon du 3e régiment de voltigeurs entraient dans Malakoff, pour s'y joindre aux troupes de la 1re division. Ils y pénétrèrent et s'y établirent, ainsi que nous allons le dire. Mais auparavant il est bon d'établir qu'avant leur arrivée, le 7e de ligne occupait, à la gauche de la gorge, le parapet M, U, de la face nord et le parapet O, R, Q, P de la face ouest, tandis que les 20e et 27e garnissaient de leur côté, à la droite de la gorge, le parapet X de la face nord et toute la face est de l'ouvrage.

La brigade de réserve (brigade Wimpffen) avait été massée, avant l'heure indiquée pour l'assaut, dans le fond du ravin de Karabelnaïa, vers le point où la cinquième parallèle tombe dans ce ravin. Entendant le bruit de la fusillade très vive qui suivait le premier moment de notre attaque au saillant de Malakoff, le général Wimpffen, pour la rapprocher du lieu de l'action, l'avait portée dans les communications de la cinquième à la sixième parallèle en avant et un peu sur la droite du Mamelon Vert (redoute Brancion).

C'est de là que, sur l'ordre du général commandant de la colonne d'assaut, la brigade de réserve se portait à toutes jambes, en négligeant de suivre les tranchées, droit sur le saillant de Malakoff, afin de suivre le mouvement du 27e et d'appuyer la brigade Vinoy. Les régiments y arrivèrent dans l'ordre suivant :

Le régiment de tirailleurs algériens ;
Le 3e régiment de zouaves ;
Le 50e de ligne.

De son côté, le régiment de zouaves de la garde, après avoir suivi dans la 5e parallèle le mouvement du 27e, avait ensuite abandonné les traces de ce régiment, et s'était porté en ligne droite dans l'angle formé par la courtine et le saillant de Malakoff.

Il se trouvait ainsi sur la droite du 1er régiment de zouaves, lorsque celui-ci fut rentré dans les tranchées. Là, il reçut du général commandant l'ordre d'entrer dans l'ouvrage, et il le fit dans le moment où la tête de la brigade Wimpffen y entrait elle aussi. Le 3e bataillon du 3e régiment de voltigeurs de la garde exécuta ce même mouvement, conjointement avec le 3e régiment de zouaves. Ce bataillon fut suivi par un fort détachement du 1er régiment de grenadiers de la garde et par une demi-compagnie (1) de voltigeurs du 100e régiment, qui, mitraillés sur la courtine et n'ayant plus d'effet utile à y produire, se trouvèrent en quelque sorte entraînés par un mouvement instinctif vers la position où nos troupes étaient victorieuses. Les nombreux renforts accumulés dans Malakoff donnèrent au général de Mac-Mahon la possibilité d'assigner des positions moins périlleuses à celles de nos troupes qui combattaient depuis plusieurs heures. Il fit répartir les différents corps de la manière suivante, sur les parapets et dans le terre-plein de Malakoff :

Le 7e de ligne, qui avait fait de grandes pertes, fut relevé à la gorge, sur les faces nord et ouest de l'ouvrage, par le régiment de tirailleurs algériens et par le 3e régiment de zouaves. Les tirailleurs algériens garnirent les parapets M, V, O, ayant une réserve en arrière du parapet M, V; le 3e régiment de zouaves et le 50e de ligne sur le parapet O, M, Q, ayant leurs réserves derrière les petites traverses qui couvrent la gorge. Le 7e de ligne prit position derrière la traverse G, garnissant le parapet P B, et se liant par sa droite au 50e de ligne. Les 20e et 7e de ligne restèrent dans la

(1) Avec cette section se trouvaient le drapeau du régiment, sa garde et six sapeurs ; l'autre section était demeurée sur la courtine, près du saillant Malakoff.

position qu'ils occupaient, mais ils furent renforcés sur les faces nord et est, d'une part, par le 3e bataillon des voltigeurs de la garde, qui établit une partie de son monde sur le parapet, de X en V, le reste du bataillon étant massé en réserve derrière la traverse N; d'autre part, par deux compagnies de zouaves de la garde. Le général Vinoy plaça l'une de ces compagnies sur le parapet, à la droite de la gorge, l'autre dans le fossé de la face nord, depuis la gorge jusqu'au retranchement de la troisième enceinte russe. Une compagnie de chasseurs à pied du 1er bataillon fut placée dans le fossé, à la droite des zouaves de la garde, vers l'angle des faces nord et est. Le régiment de zouaves de la garde, moins les deux compagnies dont il est question ci-dessus, fut placé en réserve derrière les traverses G, F, E; le détachement du 1er régiment de grenadiers de la garde et la demi-compagnie des voltigeurs du 100e de ligne derrière les traverses C et B.

Pendant que notre brigade de réserve entrait dans Malakoff, l'ennemi n'était point demeuré inactif et n'avait point complètement renoncé à nous disputer la possession de cet ouvrage. Nos troupes avaient à peine achevé leurs mouvements pour prendre les positions que nous venons d'indiquer, que tout à coup nous aperçûmes des colonnes russes derrière la grande communication qui va de la gorge de Malakoff à la caserne de Karabelmaïa, et derrière les ruines du faubourg. Une de ces colonnes, forte de 1,200 à 1,500 hommes, suivit la grande communication pour venir attaquer de front la gorge de Malakoff. Reçue avec une extrême vigueur par le régiment des tirailleurs algériens, par les zouaves de la garde et par une partie des 20e et 27e de ligne, elle fut, après quelques minutes d'un combat des plus vifs, forcée de battre en retraite, laissant un grand nombre de cadavres sur le terrain. Quelques officiers et soldats russes arrivèrent, avec une intrépidité rare, jusque dans les gorges de Malakoff, où ils tombèrent sous les baïonnettes de nos soldats. Ce fut en cherchant à leur barrer le passage que le lieutenant-colonel Roques, du régiment des tirailleurs algériens, fut tué d'une balle russe, comme il plaçait lui-même un gabion au milieu de la gorge, pour indiquer à ses soldats ce qu'ils avaient à faire pour en fermer l'entrée. Une autre colonne russe, de même force que la première, sortit de la grande communication, laissa Malakoff à la gauche et marcha sur les batteries Gervais. Mais, prise en flanc par celles de nos troupes qui garnissaient le parapet de la face ouest et par deux compagnies du 3e voltigeurs de la garde, qui venaient de se jeter dans le fossé de cette face, recevant de front le feu du 1er bataillon de chasseurs à pied, elle tourbillonna bientôt et rentra dans la communication d'où elle était sortie.

Une troisième colonne russe, enfin, débouchant des mines de Karabelnaïa, vint attaquer l'angle nord-est de Malakoff, avec l'intention d'essayer un assaut. Mais elle fut bientôt arrêtée par la vive fusillade que dirigeaient sur elle, du haut des parapets, les zouaves de la garde, les 20e et 27e de ligne et le 3e bataillon des voltigeurs de la garde. La compagnie du 1er bataillon de chasseurs à pied, qui avait été placée dans le fossé sur ce point même, concourut puissamment à jeter le désordre dans les rangs et à lui faire rebrousser chemin.

Il était 3 heures 1/2 quand la retraite des trois colonnes russes mit fin à la série des combats que nos troupes eurent à soutenir dans l'intérieur de Malakoff. A dater de cette heure, elles n'eurent plus à répondre qu'à une fusillade plus ou moins vive, mais la lutte sérieuse était terminée. Néanmoins elles demeurèrent, pendant toute la nuit du 8 au 9 septembre, dans les emplacements qui leur avaient été assignés sur les parapets et derrière les traverses.

Le lendemain matin, lorsque l'armée russe eut évacué la partie sud de Sébastopol, la brigade Wimpffen, les zouaves, les grenadiers et les voltigeurs de la garde reçurent l'ordre de regagner leurs campements. Deux bataillons de la division Mac-Mahon restèrent seuls pour la garder dans l'enceinte; le reste de la division s'établit dans la septième parallèle et sous le Petit Redan; à 6 heures du soir, la division entière rentra dans ses campements.

Nous pourrions terminer ici cette note, dont le but était d'exposer avec plus de détails qui n'ont pu en donner les rapports officiels le rôle de chacun des corps d'infanterie dans l'assaut de Malakoff. Nous y ajouterons cependant quelques lignes, pour indiquer succinctement le concours qui leur fut prêté par les armes spéciales de l'artillerie et du génie.

Un détachement de canonniers, sous la direction d'un chef d'escadron, le commandant Joly Frigola, avait été mis à la disposition du général de Mac-Mahon avec la mission d'enclouer ou de désenclouer les pièces de l'ennemi, selon que les circonstances le voudraient, aussitôt qu'elles seraient tombées en notre pouvoir. Ce détachement devait ensuite exécuter dans Malakoff les travaux spéciaux à l'arme qui seraient nécessaires pour la défense ultérieure de la position.

Une fraction du détachement, sous les ordres d'un capitaine (1), était chargée d'amener dans le retranchement ennemi six petits mortiers destinés à agir soit contre les batteries russes les plus voisines, soit contre les réserves d'infanterie, que la défense, suivant toutes probabilités, ferait agir en arrière de Malakoff.

Les canonniers russes, forcés d'abandonner leurs pièces une à une, au fur et à mesure que nos soldats gagnaient du terrain et les obligeaient à la retraite, avaient eu le soin de les enclouer. Il avaient brisé la plupart des refouloirs et des écouvillons, afin de nous ôter tout moyen de nous servir immédiatement de leurs bouches à feu.

---

(1) Le capitaine Gouy.

La section des petits mortiers entra dans Malakoff avec la tête de la 2e brigade de la division; elle envoya quelques bombes dans la direction du faubourg de Karabelnaïa et dans celle du Petit Redan sur les masses russes qui restaient formées en arrière de cet ouvrage.

Le chef d'escadron commandant l'artillerie prit ses dispositions pour assurer aussitôt que possible la défense des faces nord-est et ouest de Malakoff au moyen de quelques pièces légères en prévision d'un assaut que nous pouvions avoir à y soutenir le lendemain matin.

Des embrasures furent préparées pour une dizaine de pièces de campagne. Vers 10 heures 1/2 ou 11 heures du soir, les pièces étaient en batterie. Pendant l'exécution de ces travaux, le commandement de l'artillerie reconnaissait le matériel enlevé à l'ennemi (76 bouches à feu en état de servir; 40 pièces mises hors d'état de servir par l'effet de notre tir pendant la durée du siège; 24 pièces en bon état dans les batteries Gervais; en tout 140 pièces de divers calibres dont 11 en bronze); il visitait un à un tous les abris construits dans l'épaisseur des parapets et des traverses et faisait enlever les munitions d'infanterie, qui s'y trouvaient en quantités considérables.

Un chef de bataillon du génie (le commandant Ragon) avait été chargé de marcher avec un détachement de sapeurs et de suivre la tête de la colonne d'assaut. Ce détachement avait pour mission de jeter sur le fossé du saillant un pont d'échelles assez solide et assez large pour y permettre le passage à trois ou quatre hommes de front. Les échelles, d'une portée de sept mètres, avaient été confiées à un détachement de grenadiers du 7e de ligne, qui, préalablement, avaient été exercés à les manœuvrer. Ce ne fut qu'aux prix d'efforts inouïs que ces grenadiers parvinrent à les transporter dans les tranchées et purent les faire arriver sur le bord du fossé. Le 1er régiment de zouaves et le 7e de ligne avaient, presque en totalité, franchi le fossé quand la première échelle y fut jetée. En peu de minutes, une deuxième, une troisième et une quatrième échelle furent placées à côté de celle-là et si promptement que les dernières compagnies du 2e bataillon de zouaves et du 7e de ligne purent passer sur le pont improvisé. Ce fut un immense secours pour les troupes qui suivirent, de n'avoir point à se jeter comme avaient fait les têtes de colonnes, dans un fossé de 7 mètres de profondeur avant d'aborder et d'escalader le parapet.

Les corps de la brigade Vinoy et ceux de la brigade Wimpffen arrivèrent ainsi beaucoup plus vite sur le lieu du combat. Après avoir assujetti solidement son pont d'échelles, le chef du génie employa sur-le-champ ses sapeurs à établir un boyau de communication entre le pont et la septième parallèle. Ce travail était nécessaire pour mettre les troupes qui entraient dans Malakoff et les blessés qui en sortaient à l'abri des feux partant du retranchement de la deuxième enceinte et de la mitraille venant des bateaux à vapeur embossés dans le fond du port.

Dans la soirée, le génie construisit, dans la partie où la courtine se lie à Malakoff, un second pont destiné au passage des pièces de campagne, qu'on devait amener pendant la nuit dans l'intérieur de l'ouvrage. Ce pont, commencé à la nuit tombante, était achevé avant 10 heures.

Pertes éprouvées par les corps d'Infanterie à l'assaut de Malakoff

1° **Division (de Mac-Mahon).** — Sur un effectif présent de 199 officiers et 4,520 baïonnettes :

Officiers tués	29
Officiers blessés	89
Sous-officiers et soldats tués	243
Sous-officiers et soldats blessés	1.729
Hors de combat	2.090

2° **Brigade de réserve.** — Sur un effectif présent de 101 officiers et 2,000 baïonnettes :

Officiers tués	7
Officiers blessés	25
Sous-officiers et soldats tués	95
Sous-officiers et soldats blessés	510
Hors de combat	637

3° **Régiment de zouaves de la garde.** — Sur un effectif présent de 270 officiers et 600 baïonnettes :

Officiers tués	3
Officiers blessés	13
Sous-officiers et soldats tués	49
Sous-officiers et soldats blessés	246
Hors de combat	311

4° **3° bataillon du 3° régiment des voltigeurs de la garde.** — Sur un effectif présent de 13 officiers et 370 baïonnettes :

Officiers tués	1
Officiers blessés	5
Sous-officiers et soldats tués	32
Sous-officiers et soldats blessés	101
Hors de combat	130

5° **Détachement du 2e régiment de grenadiers de la garde.** — Sur un effectif présent de 13 officiers et 247 baïonnettes (2e bataillon, 4e compagnie) :

Officiers tués.................	»
Officiers blessés...............	2
Sous-officiers et soldats tués......	4
Sous-officiers et soldats blessés...	41
Hors de combat........	47

6° **Compagnies de voltigeurs du 100e de ligne.** — Sur un effectif présent de 3 officiers et 77 baïonnettes :

Officiers tués..................	»
Officiers blessés...............	2
Sous-officiers et soldats tués......	15
Sous-officiers et soldats blessés...	20
Hors de combat........	37

Officiers supérieurs tués.

(Corps de la ligne.)

Adam, colonel du 27e, tué sous Malakoff, après l'évacuation des Russes.

Roques, lieutenant-colonel du régiment de tirailleurs algériens après l'évacuation des Russes.

Lauer, chef de bataillon au 1er régiment de zouaves.

Iratsoquy, chef de bataillon au 27e de ligne.

Dugardin, chef de bataillon au 50e de ligne.

Officiers supérieurs blessés.

(Corps de la ligne.)

Collineau, colonel du 1er régiment de zouaves.

Orianne, colonel du 20e de ligne.

Maussion, lieutenant-colonel du 7e de ligne.

Mermet, lieutenant-colonel du 20e de ligne.

Gambier, chef de bataillon commandant le 1er bataillon de chasseurs à pied.

De Camàs, Rivière, Poupart, chefs de bataillon du 7e de ligne.

Schobert, Wirbel, chefs de bataillon du 27e de ligne,

Officiers supérieurs blessés.

(Corps de la garde.)

Janin, colonel du régiment de zouaves.
Nayrol, lieutenant-colonel du régiment de zouaves.
Champion, chef de bataillon du 3e voltigeurs.

Corps d'état-major.

De la Tour du Pin, colonel, blessé.
Beaux, capitaine, blessé.

Après la chute de Malakoff, le général de Wimpffen ne fut pas rappelé en France. Il ne quitta la Crimée qu'en 1856. Resté en relations avec le général Bosquet, il lui écrivait à la fin de 1855.

Au général Bosquet.

» Camp de la Tchernaïa, 25 décembre 1855.

» Il y aurait ingratitude à ne pas me rappeler à votre bienveillant souvenir au début d'une nouvelle année et à vous laisser ignorer que je suis du nombre de ceux qui désirent le plus vivement vous voir remis de votre blessure (1) et prêt à participer à nos prochaines opérations.

» Depuis que j'ai eu l'honneur de me trouver sous vos ordres, vous avez su si habilement mener à bonne fin tout ce vous avez entrepris que nous vous attendons comme notre futur général en chef. Malgré le mérite de ceux qui ont com-

(1) Dans l'assaut du 8 septembre, le général Bosquet fut chargé de l'attaque de droite à la tête du 2e corps, renforcé d'une division de la garde; il fut atteint d'un éclat d'obus au côté droit. Cette blessure, qui mit un instant ses jours en danger, le força de revenir en France.

mandé jusqu'à ce jour, nos succès ont si peu de résultat que les hommes de nature énergique doivent souhaiter d'être placés sous les ordres d'un chef tel que vous.

» Je comprends qu'à l'Alma nous ayons commis la faute de limiter notre victoire aux plateaux sur lesquels se trouvait l'armée russe. Nous étions trop peu forts ; notre maréchal était mourant, nous ne connaissions peut-être pas assez les ressources de notre ennemi pour le poursuivre en ne laissant qu'une troupe suffisante pour ramasser les blessés, enterrer les morts, sous la protection d'une partie de notre marine. D'ailleurs, les Anglais n'auraient pu sans doute doubler une étape.

» *A Inkermann*, nous n'avons qu'à nous féliciter de notre succès ; on ne pouvait rien de plus, si ce n'est peut-être en profiter pour se jeter sur la ville.

» *A Balaklava*, nous sommes restés au-dessous de notre rôle. Les Russes de Liprandi ne devaient plus repasser la Tchernaïa, les montagnes de l'Alson et leurs défilés devaient être leur seul refuge et il leur aurait fallu au moins laisser une partie de leur matériel.

» *A la Tchernaïa*, six ou sept mille Français ont soutenu une lutte admirable ; deux fois ils ont reculé en ordre devant des troupes écrasantes par leur nombre, comme pour reprendre haleine et se réunir à de bien faibles réserves ; deux fois ils se sont élancés sur l'ennemi avec tant d'audace que celui-ci dut prendre la fuite. Mais, épuisés par une lutte gigantesque de quatre heures, nos soldats ne purent inquiéter la retraite de l'ennemi et lui infliger un échec mémorable. Des troupes fraîches eussent été nécessaires pour recueillir le fruit de cette belle victoire. Elles arrivèrent trop tard, lorsque l'armée russe avait déjà pris position sur les hauteurs avoisinant le plateau de Makensie.

» Quant au siège, j'ai toujours cru qu'une attaque de vive force était préférable aux lenteurs des opérations et des cheminements.

» Je suis opposé, disais-je au général Camou, à un investissement complet. Qui trop embrasse mal étreint. Nos lignes sont déjà trop étendues; n'allons pas commettre, en outre, la faute de séparer deux armées de manière à les empêcher de se donner promptement la main dans une attaque sérieuse.

» La ville est tombée. Honneur à vous pour une bonne part de ce beau résultat que nous aurions peut-être dû obtenir en avril et le 7 juin !

» J'ai à vous remercier de m'avoir donné, le 8 septembre, l'occasion de prendre part à l'épisode le plus important de la campagne. Vous saviez aussi que la brigade Wimpflen saurait au besoin se sacrifier, pour remplir la mission dont vous l'aviez chargée.

» Vous êtes tombé au milieu de votre succès, mais pas assez gravement atteint pour ne pouvoir jouir de notre réussite et de la fin de ce siège infernal.

» L'enivrement que me causait la chute de cette ville enfin réduite, le plaisir d'avoir contribué à la victoire me faisaient dire sur le terrain même de Malakoff : « Enfin ! nous allons » pouvoir lutter autrement que derrière des remparts ou des » sacs de terre. »

» Depuis votre départ, on n'a rien tenté de sérieux. Le 1er corps français a simulé dans la vallée de Baïdar un mouvement tournant comme pour s'emparer du haut Balbec.

» Au moment d'engager la lutte et après avoir surmonté de grandes difficultés, nos troupes ont battu en retraite et le 1er corps, à l'exception de la division d'Autemarre maintenue à Baïdar, est rentré dans ses quartiers près de Sébastopol.

» M. le général d'Allonville, à la tête de la cavalerie, a poussé un peu en avant, mais il a dû se retirer devant l'ennemi solidement abrité derrière des retranchements garnis de pièces de gros calibre.

» Si je n'ai point tenu ma promesse de vous écrire au sujet

de nos opérations de Kilburn, c'est que la division anglo-française n'a eu d'autre rôle à remplir que celui de recevoir les prisonniers qui se sauvaient de leur fort bouleversé par les boulets de la flotte et menacé d'une explosion imminente par l'incendie des bâtiments militaires, voisins de trois énormes magasins regorgeant de poudre et de projectiles.

» La presqu'île avait été entièrement abandonnée par sa population, une promenade de cinq ou six lieues nous a permis de nous rendre compte de cette évacuation.

» Les renseignements de quelques prisonniers nous apprennent que rien n'était préparé en vue d'une attaque sérieuse. Il y avait à peine quelques troupes à Nicolaïeff et à Cherson. Si après la chute du fort trente mille Français avaient pu opérer en longeant le cours du Dnieper ou du Bug, concurremment avec la flottille, on aurait peut-être porté à l'ennemi des coups décisifs. Mais là, comme sur d'autres points, on semble n'avoir voulu que menacer. Au moins à Kinburn nous avons réussi à interrompre les communications avec Odessa.

» Depuis notre occupation de la presqu'île, les Russes ont aggloméré des troupes en nombre considérable de façon à pourvoir défendre la ligne de Nicolaïeff à Perekop.

» On recommence à élever des terrassements. Cette guerre ne nous plait pas, surtout après la grande lutte du 8 septembre.

» Je regrette donc qu'une bonne bataille ne nous ait point rendus maîtres du plateau Makensie et peut-être de Simféropol et de Batchépéraï.

» La défaite des Russes et la possession de la ville nous auraient fourni les plus sûres garanties d'une paix prochaine.

» On a parlé beaucoup de l'évacuation de la Crimée, opération qui réussira sans nul doute, mais toujours fâcheuse en présence d'un ennemi qui connait sa force.

» Enfin, mon Général, quel que soit le parti que l'on se décide à prendre, je ne reste pas moins disposé à y jouer avec toute l'énergie que vous me connaissez le rôle qu'on voudra bien m'y faire remplir. Je suis seulement impatient de savoir quels sont nos plans de campagne.

» Je termine, mon Général, en vous souhaitant tout ce vous pouvez désirer d'heureux, c'est-à-dire un prompt rétablissement et un bon commandement. »

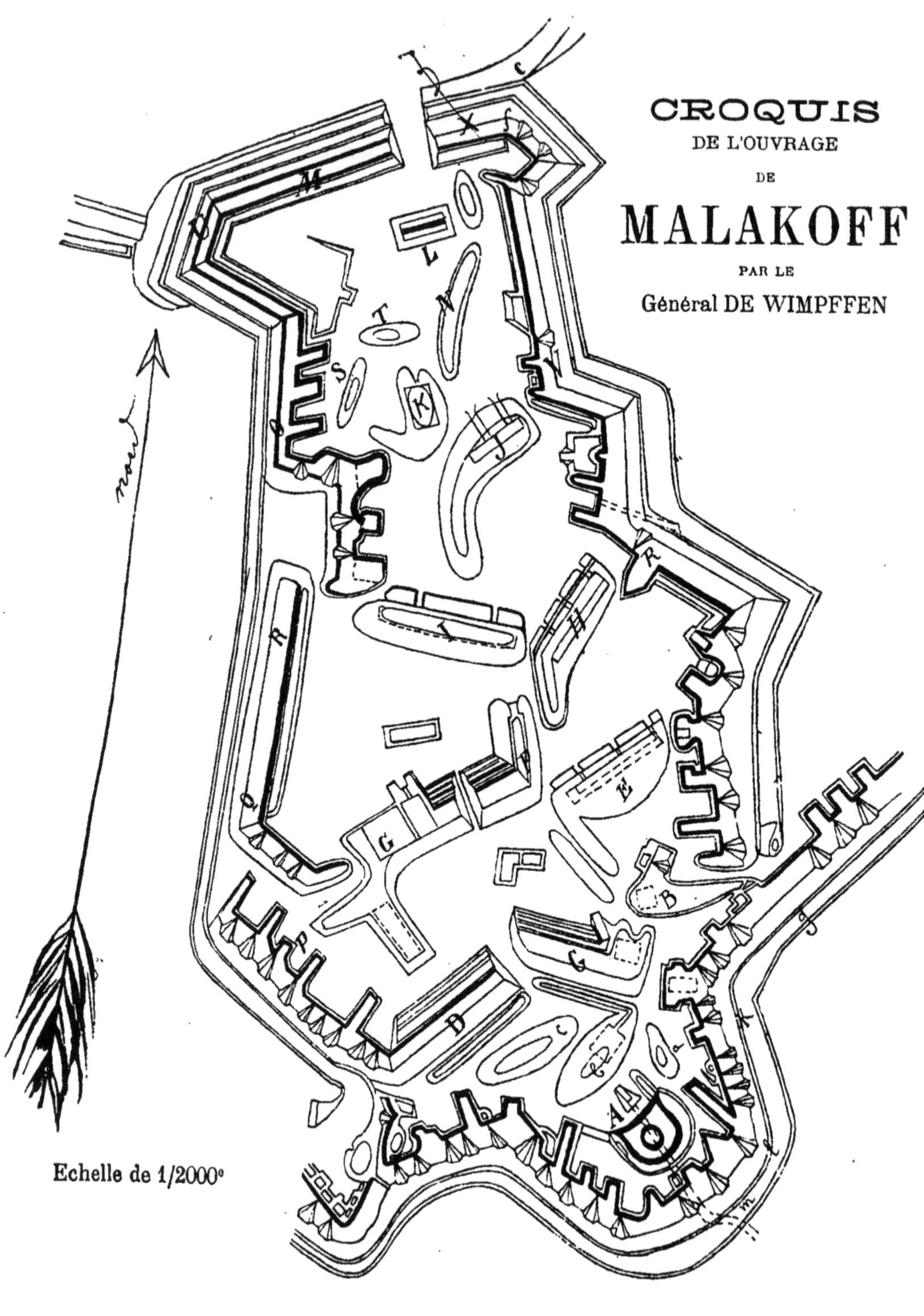
CROQUIS
DE L'OUVRAGE
DE
MALAKOFF
PAR LE
Général DE WIMPFFEN
nord
Echelle de 1/2000e

ESCADRE DE LA MER NOIRE

Ordre de répartition des officiers. des troupes et des chevaux de l'armée d'Orient à bord de l'escadre française.

ESCADRE DE LA MER NOIRE.

Ordre de répartition des officiers, des troupes et des chevaux de l'armée d'Orient à bord de l'escadre française.

1re *Division*. — La 1re division s'embarquera sur les vaisseaux, frégates et corvettes dont les noms suivent, lesquels bâtiments se trouveront au poste de mouillage et par suite de débarquement groupés dans le voisinage les uns des autres.

NOMS DES BATIMENTS.	OFFICIERS GÉNÉRAUX. — Etat-major.	DÉSIGNATION DES CORPS DE TROUPE.	Officiers supérieurs.	Officiers subalternes.	Effectif des troupes (officiers non compris).	Effectif des chevaux.
Ville-de-Paris.	Maréchal, 8 officiers généraux et supérieurs, l'intendant et le médecin.	1er bataillon du 27e de ligne............. 100 hommes du 9e chasseurs à pied.......	3	24	700	»
Napoléon.	»	2e bataillon du 27e de ligne.............. 100 hommes du 9e chasseurs à pied......	4	22	700	»
Charlemagne.	»	2e bataillon du 20e de ligne.............. 100 hommes du 9e chasseurs à pied.......	2	20	700	»
Montebello.	Le général commandant la 2e brigade, 2 officiers.	1er bataillon du 20e de ligne.............. 100 hommes du 9e chasseurs à pied.......	2	22	700	»
Jean-Bart.	»	2e bataillon du 7e de ligne............... 100 hommes du 9e chasseurs à pied.......	2	24	700	»
Henri IV.	Le général commandant la 1re brigade, 2 officiers.	1er bataillon du 7e de ligne.............. 100 hommes du 9e chasseurs à pied.......	2	26	700	»
Jupiter.	»	Bataillon d'élite de la légion étrangère, se complétera à 1,400 hommes avec 600 hommes du 2e............................. Bataillon du 6e de ligne de la 2e division..	3	40	800	»
Pomone.	»	1er bataillon de chasseurs à pied..........	1	18	500	»
Tisyphone.	»	Demi-bataillon du 1er zouaves............ 50 hommes du 1er bat. de chass. à pied...	3	14	350	6
Euménide.	»	Demi-bataillon du 1er zouaves........... 50 hommes du 1er bat. de chass. à pied....	»	12	350	6
Mégère.	»	Demi-bataillon du 1er zouaves...........	1	10	300	4
Dauphin.	4 officiers supérieurs. 6 officiers.	2 compagnies du 1er zouaves.............	»	4	150	»
Mouette.	4 officiers supérieurs. 6 officiers.	2 compagnies du 1er zouaves.............	»	4	150	»
		A reporter.......	23	240	6.800	

Les 110 autres chevaux et mulets de cette division sont sur les navires no 323 (*Sécurité*), no 204 (*Eularia*), no 57 (*Franc-Breton*), no 394 (*Saint-François*).

2e *Division.* — La 2e division embarque sur les vaisseaux-transports mouillés en deuxième ligne devant le territoire ennemi.

NOMS DES BATIMENTS.	OFFICIERS GÉNÉRAUX. — Etat-major.	DÉSIGNATION DES CORPS DE TROUPE.	Officiers supérieurs.	Officiers subalternes.	Effectif des troupes (officiers non compris).	Effectif des chevaux.
		Report...........	23	240	6.800	
Jupiter.	»	Outre ses 800 hommes de la 1re division, embarque 600 hommes complémentaires de la 2e appartenant au 2e bataillon du 6e de ligne............................	12	18	600	10
Suffren.	Le général commandant la 2e brigade, un aide de camp et un officier d'ordonnance.	300 hommes du 1er bataillon du 7e léger... 600 hommes du 2e bataillon du 7e de ligne. 600 hommes du 1er bataillon du 6e de ligne.	3	53	1.500	10
Iéna.	»	600 hommes du 2e bat. du 50e de ligne.... 600 hommes du 3e bat. de chass. à pied... 300 hommes du 1er bataillon du 7e léger...	7	53	1.500	10
Marengo.	Le général commandant la 1re brigade, un aide de camp et un officier d'ordonnance.	100 hommes du 1er bat. du 3e zouaves.... 600 hommes du 2e bat. du 3e zouaves..... 600 hommes du 1er bat. du 50e de ligne....	4	46	1.300	10
Friedland.	Le général commandant la division avec ses aides de camp et son état-major, c'est-à-dire : 2 officiers supérieurs et 7 officiers.	2 bataillons de tirailleurs indigènes. .... 500 hommes du 1er bat. du 3e zouaves....	8	70	1.700	10
		A reporter.......	57	480	13.400	

50 des 138 chevaux et mulets revenant à cette division étant ainsi logés sur ces cinq vaisseaux, les 88 restants seront répartis comme suit sur les navires du convoi : no 40 (*Anna no 2*), 28 chevaux ; no 205 (*Aurore*), 30 chevaux ; no 135 (*Nicolas-Etienne*), 30 chevaux.

3e *Division*. — La 3e division embarque sur les vaisseaux-transports mouillés en troisième ligne devant le territoire ennemi.

NOMS DES BATIMENTS.	OFFICIERS GÉNÉRAUX. — Etat-major.	DÉSIGNATION DES CORPS DE TROUPE.	Officiers supérieurs.	Officiers subalternes.	Effectif des troupes (officiers non compris).	Effectif des chevaux.
		Report..........	57	480	13.400	
Valmy.	Le général commandant la 3e division avec son état-major : 3 officiers supérieurs et 10 officiers. Le général commandant la 2e brigade.	450 hommes du 2e bat. du 20e léger....... 650 hommes du 1er bat. du 22e léger...... 650 hommes du 2e bat. du 22e léger....... 50 hommes..........................	3	52	1.800	10
Ville-de-Marseille.	»	450 hommes du 2e bat. du rég. de marine. 650 hommes du 1er bat. du 20e léger...... 200 hommes du 2e bat. du 20e léger.......	6	48	1.300	10
Alger.	Le général commandant la 1re brigade, 1 officier général et 20 officiers.	450 hommes du 2e bat. du 2e zouaves..... 650 hommes du 1er bat. du rég. de marine. 200 hommes du 2e bat. du rég. de marine.	3	40	1.300	10
Bayard.	»	650 hommes du 19e bat. de chass. à pied. 650 hommes du 1er bat. du 2e zouaves.... 200 hommes du 2e bat. du 2e zouaves.....	6	48	1.500	10
		A reporter.......	75	668	19.300	

Des 118 chevaux ou mulets revenant à cette division, 40 sont embarqués sur ces cinq vaisseaux, les 78 autres sont répartis comme suit sur des bâtiments de commerce du convoi : no 129 (*Duc-Fratelli*), 25 chevaux ; no 408 (*Hope*), 26 chevaux ; no 113 (*Etienne*), 28 chevaux.

4e *Division.* — La 4e division s'embarque sur cinq frégates et deux corvettes à vapeur, qui mouilleront en quatrième ligne, endentées entre les frégates et corvettes-transports du convoi.

NOMS DES BATIMENTS.	OFFICIERS GÉNÉRAUX. — État-major.	DÉSIGNATION DES CORPS DE TROUPE.	Officiers supérieurs.	Officiers subalternes.	Effectif des troupes (officiers non compris).	Effectif des chevaux.
		Report..........	75	668	19.300	
Primauguet.	État-major de la 1re division moins le général et un officier supérieur.	250 hommes du 2e bat. du 74e de ligne....	1	6	250	»
Coligny.	»	300 hommes du 2e bat. du 74e de ligne....	1	16	300	»
Orénoque.	»	1er bataillon du 74e de ligne............. 2e bataillon du 39e de ligne..............	6	42	1.100	30
Albatros.	Le général commandant la 2e brigade et un aide de camp.	1er bataillon du 39e de ligne............. 2e bataillon du 26e de ligne..............	3	40	1.100	30
Montézuma.	Le général commandant la 1re brigade et un aide de camp.	1er bataillon du 26e de ligne............. 2e bataillon du 19e de ligne..............	6	40	1.100	30
Descartes.	»	5e bataillon de chasseurs à pied..........	4	21	550	»
Caffarelli.	Le général commandant la 4e division avec son état-major.	1er bataillon du 19e de ligne..............	3	19	550	28
		TOTAL..............	99	852	24.250	

Les 118 chevaux et mulets revenant à cette division sont aussi tous embarqués sur ces frégates et corvettes qui la transportent.

ARTILLERIE

L'artillerie de campagne est embarquée, hommes, pièces et chevaux, sur les frégates et corvettes à vapeur de l'escadre dans l'ordre suivant :

NOMS DES BATIMENTS.	EFFECTIF DES BATTERIES.	Effectif des bouches à feu.	Officiers supérieurs	Officiers subalternes.	Effectif total des artilleurs.	Effectif des chevaux.
Canada....................	Une batterie..............................	6	2	8	252	83
Magellan....................	Une batterie..............................	6	1	6	174	80
Vauban....................	Une batterie..............................	6	1	5	138	86
Cacique....................	Une batterie..............................	6	1	5	135	80
Ulloa....................	Une batterie..............................	6	1	3	137	80
Mogador....................	Une batterie à cheval..............................	6	2	8	219	86
Panama....................	Une batterie à cheval..............................	6	2	8	219	86
Infernal....................	Une batterie..............................	4	1	4	95	50
Pluton....................	Une batterie..............................	4	»	3	97	50
Taïf (frégate turque)........	Une batterie..............................	6	»	4	155	86
Médidgée (frégate turque)...	Une batterie..............................	6	»	3	140	86
Chaïk-Chavi (frégate turque).	Une batterie..............................	6	»	3	136	86

Le *Lavoisier* embarque les pontonniers, matériel et chevaux, matériel de pont, bois pour établir des jetées.
L'*Allier* les munitions de guerre de l'artillerie, deuxième approvisionnement.
L'artillerie de siège ottomane est embarquée à bord des vaisseaux turcs.

GÉNIE

Le personnel et une grande partie du matériel et des chevaux du génie embarquent sur les frégates-transports la *Néreïde,* la *Calypso* et la gabare la *Girafe.*

La *Pandore* est chargée de vivres de bord représentant environ six jours de vivres qui seront versés à l'armée après le débarquement, indépendamment des quatre jours qui lui seront livrés en la débarquant. Le reste du matériel de l'armée, chevaux et cacolets d'ambulance, chevaux et prolonges du génie, munitions de bouche, etc., se trouvent répartis sur les 70 bâtiments de commerce du convoi.

Des ordres ont été donnés ou seront donnés ultérieurement pour opérer l'embarquement du personnel, des chevaux et du matériel dont le présent ordre indique la répartition.

Rade de Baltchick, le 26 août 1854.

Par ordre :

Le Chef d'état-major de l'escadre de la mer Noire,

Signé : Comte Bouët-Willaumez.

ITALIE

AVANT-PROPOS

Après la Crimée, l'Italie ! Après la rude et longue campagne, qui commence au printemps de 1854 et se termine à la fin de l'hiver 1856, celle de 1859 !

Après une guerre de siège et deux hivers impitoyables dans une contrée désolée, la guerre dans une des régions les plus belles du monde, sous un ciel admirable, la guerre pour la délivrance d'un peuple, au milieu des villes ardentes de patriotisme, acclamant avec enthousiasme les armées victorieuses, et les entrées triomphales sous une pluie de fleurs, au lendemain du combat ; à chaque pas, les souvenirs glorieux, rappelant les exploits des ancêtres !

La guerre de Crimée n'avait pas éveillé en France les émotions violentes, les commotions soudaines que provoqua le départ des troupes pour l'Italie. Depuis ce départ jusqu'au retour et jusqu'au défilé de l'armée sur les boulevards après la paix de Villafranca, cette campagne ne fut qu'une série d'ovations accueillant les vainqueurs d'étape en étape, de victoire en victoire. Aussi a-t-elle laissé des impressions vives, des souvenirs et même des regrets inoubliables dans l'esprit de tous ceux qui étaient à Montebello, à Milan, à Magenta, à Solférino ! Les notes rapides du général de Wimpffen sur la guerre d'Italie ont donc une allure toute différente de celles qu'il a laissées sur la guerre de Crimée. M. de Wimpffen était, au commencement de 1859, général commandant une brigade de grenadiers de la garde impériale. Il avait sous ses ordres deux régiments d'élite, dont la plupart des hommes avaient guerroyé en Afrique et dont un très grand nombre étaient des soldats de Crimée, admirablement entraînés, ayant fait leurs preuves et sur lesquels pouvait compter leur général.

La brigade fut embarquée après les troupes de ligne et débarquée à Gênes. Suivant les traditions du premier empire, la garde ne devait pas être engagée dès le début de la guerre. On la tenait en réserve. Elle séjourna quelque temps à Gênes et fut dirigée sur Alexandrie, après le combat de Montebello.

Elle se trouva, le 4 juin, brusquement au feu à Magenta.

Dans cette journée, où l'imprévoyance de l'Empereur n'eut d'égale que celle de certains généraux chefs de corps d'armée, le général de Wimpffen dut supporter pendant une partie de la journée les attaques de l'armée autrichienne et tenir tête à l'ennemi très supérieur en nombre avec une brigade. Vainement il réclamait des renforts.

— Sire, disait-on à l'Empereur, le général est écrasé et ne peut plus se maintenir.

— Qu'il se maintienne, répondait flegmatiquement Napoléon III.

Et le général se maintenait ! Il laissa le temps d'arriver aux troupes de Mac-Mahon et de Canrobert et fut certainement un de ceux qui contribuèrent le plus au succès de la journée. Il apprit, quelques jours plus tard, sa nomination au grade de général de division qu'il venait de conquérir, comme il avait conquis tous ses autres grades et décorations, à la pointe de l'épée, sur le champ de bataille.

Après avoir conservé son poste jusqu'à l'arrivée de son successeur au commandement de la brigade de grenadiers, le général dut se résigner à abandonner ses braves soldats et à quitter l'Italie pour rentrer en France, où il devait attendre de nouveaux ordres.

L'armée marchait en avant. On était à la veille d'autres combats.

M. de Wimpffen avait espéré conserver un commandement actif; il ne fut appelé à le prendre qu'à la fin de la guerre, lorsque les opérations militaires en Lombardie étaient déjà terminées.

Le général n'assista donc, pendant cette campagne, qu'à la bataille de Magenta; ses notes et souvenirs n'en contiennent pas moins des détails curieux et instructifs. Déjà il avait donné en Crimée une preuve de sa sollicitude constante pour les hommes placés sous ses ordres. Il s'était montré excellent chef de corps en s'occupant continuellement de ses soldats.

En Italie, il surveillait, avec le même zèle attentif et éclairé, le fonctionnement des moindres services de la brigade, ne laissant à personne le soin de se rendre compte de la nourriture et de l'installation des soldats; dirigeant leurs marches de façon à ne pas abandonner de traînards, d'éclopés, ni de maraudeurs; inspectant les cantonnements; se montrant à tous; écoutant les réclamations; toujours préoccupé d'avoir sur ses troupes l'autorité nécessaire et de leurs donner cette force morale, cette confiance, cet amour du devoir dont il était pénétré.

Dans ces notes mêmes, il raconte que, marchant à l'arrière-garde sur la route de Gênes à Alexandrie, il arrivait un des derniers à l'étape et ne prenait possession de son logement que lorsqu'il s'était assuré de celui de tous ses hommes.

S'il se montrait sévère à l'occasion pour les soldats, il l'était plus encore pour les officiers négligents et surtout pour les fonctionnaires de l'intendance, dont l'esprit de routine et l'incurie pouvaient, dès cette époque, faire prévoir nos désastres futurs.

L'Empire avait déclaré la guerre en 1859 aussi légèrement qu'il devait le faire onze ans plus tard, au risque d'entraîner sa ruine et l'écrasement de la France. Les troupes s'étaient mises en route sans aucune préparation sérieuse à la guerre. Dès les premiers jours de la campagne, les vivres, les approvisionnements, les munitions faisaient défaut. Le général de Wimpffen déplore, presque chaque jour, dans ses notes, le manque d'organisation. Ses troupes débarquent à Gênes : les intendants n'ont pas encore quitté Paris ; aucune mesure n'est prise pour recevoir nos soldats. Ni dépôts de vivres, ni dépôts d'habillements, ni dépôts d'armes, ni ambulances !

Aucune carte du pays n'a été distribuée. Aux officiers de s'en procurer comme ils pourront et où ils pourront de très incomplètes ! Partout se manifestent la négligence et l'insouciance des services administratifs, l'aveuglement et l'ignorance du souverain qui s'est mis à la tête de l'armée.

M. de Wimpffen indique aussi d'autres symptômes non moins déplorables : les jalousies, les rancunes entre généraux, qui, plus tard, en 1870, devaient éclater plus graves encore et avoir des conséquences désastreuses. On a souvent dit et démontré que les victoires de l'armée française en Italie ne furent dues ni aux savantes combinaisons, ni à l'habileté de tacticien de l'Empereur, et que l'initiative de certains généraux, l'ardeur enthousiaste des officiers et des soldats corrigèrent heureusement les fautes et les erreurs du grand état-major. Ces notes le prouveront mieux encore.

Si le général de Wimpffen n'assista pas à la bataille de Solférino, il joua cependant un rôle aussi important que peu connu dans les opérations de la fin de la campagne. Il fut appelé à prendre le commandement du corps de débarquement français à Venise.

Le 20 mai 1859, le contre-amiral Jurien de La Gravière était parti de Toulon avec une escadre pour croiser dans l'Adriatique. Il notifia, le 1er juin, le blocus effectif de tous les ports de guerre de l'Autriche. Venise était dans un état formidable de défense. Des forts bien armés rendaient encore plus difficile l'accès des lagunes. Deux îles forment, par leurs extrémités, trois passes étroites : celles du Dido, de Malauracco et de Chioggia. Chacune d'elles était défendue par une ligne d'estacade et une rangée de navires coulés. Pour triompher des forts et de tous ces obstacles, nos ports de Brest et de Cherbourg armèrent non seulement la plupart de leurs navires, mais encore les canonnières de première et de deuxième classe. Toulon prépara trois batteries flottantes. Le 23 mai, fut formée une escadre de guerre placée sous les ordres du vice-amiral Romain Desfossés et composée de deux groupes : le premier, comprenant quatre vaisseaux à vapeur et deux frégates à hélice ; le second, destiné plus spécialement au siège de Venise et comprenant quatre frégates à roues, trois batteries flottantes et cinq chaloupes canonnières, quatorze canonnières de première et de deuxième classe, et quatre corvettes à vapeur à roues. A bord, étaient embarqués un détachement d'artillerie de marine avec huit mortiers à plaques, quatre compagnies d'infanterie de marine et quatre compagnies de fusiliers marins, fortes de cent hommes chacune.

Le 30 juin, cette escadre quitta Toulon. Le premier groupe se présenta le 3 juillet devant le port Augusto, situé dans l'île de Lassini. Il fit son entrée dans la passe en ordre de bataille; mais il n'y avait nul indice de défense, et l'on mouilla tranquillement à 300 mètres de la ville. Dans la soirée, huit compagnies furent débarquées et occupèrent l'île sans combat.

En attendant l'attaque de Venise, les hommes des équipages et ceux de l'infanterie de marine furent exercés et entraînés pour la lutte prochaine par des travaux incessants.

Mais le petit corps d'armée destiné à opérer sur terre était insuffisant; aussi le Ministre de la guerre se décida-t-il à donner l'ordre à une division de l'armée de Paris de se rendre à Toulon et de s'embarquer sur deux transports qui furent dirigés sur Venise. Ces troupes devaient former l'avant-garde d'un corps d'armée qui devait partir plus tard d'Algérie. Le général de Wimpffen en reçut le commandement.

Le 5 juillet, cette avant-garde était devant Venise. Elle attendait avec impatience l'attaque de la ville. L'ordre de prendre les dispositions de combat parvint le 7 à l'amiral et au général de Wimpffen, et, le 8 au matin, quand fut donné le signal d'appareiller, tout le monde était prêt à faire joyeusement son devoir. Personne ne doutait du succès. La population de Venise était prête à se soulever et à entraver la défense de l'ennemi. Les huit compagnies d'infanterie de marine et de fusiliers marins, trois cents gabiers armés de revolvers et les troupes du général de Wimpffen devaient enlever les forts. Tous, officiers, soldats et marins, attendaient avec impatience, lorsque l'*Eylau*, un des vaisseaux de l'escadre de blocus, vint apporter la nouvelle de l'armistice. Le lendemain, les préliminaires de Villafranca étaient annoncés et l'ordre était donné d'évacuer Pomiri et de rallier Toulon. Ce fut pour tous, et en particulier pour le général de Wimpffen, une cruelle déception. La campagne était désormais terminée.

H. G.

MAGENTA — MILAN — VENISE

L'arrivée à Gênes. — La brigade de grenadiers de la garde. — Les fautes de l'intendance. — Débarquement de Napoléon III. — De Gênes à Alexandrie. — Les combats de Montebello et de Palestro. — Verceil. — Magenta. — Milan. — Rentrée en France. — Devant Venise. — Les corps de débarquement. — La paix.

Gênes, 14 mars.

« Après avoir parcouru la ville de Gênes, je ne sais comment en décrire les magnificences. Je sors du palais du marquis Marcelle Durazzo, dans lequel on monte par des escaliers de marbre qui éclipsent ceux de nos plus belles demeures. J'ai parcouru ensuite une série de pièces plus magnifiques les unes que les autres et renfermant des chefs-d'œuvre de tous les grands peintres : Rubens, Ribeira, le Titien, des vases de Benvenuto Cellini, etc., des meubles, des ornements à l'unisson.

L'Annonciata est, à mon avis, la plus belle église comme légèreté et parfaite harmonie de tout l'édifice. La Madeleine est moins bien partagée, surtout pour ces deux dernières parties.

La cathédrale Saint-Laurent est riche, contient deux tableaux d'un grand prix, mais elle est encore plus remarquable à l'extérieur, où elle a un aspect féodal. Les grandes rues sont dallées de larges et belles pierres marquées de trous. Ce travail a, pour but, de permettre aux chevaux de marcher, encore faut-il prendre quelques précautions. J'ai été au théâtre qui est presque à la porte de l'hôtel que j'habite.

San-Carlo a des proportions intérieures plus vastes que

que notre Opéra. La troupe m'a paru bonne, surtout comme chanteurs. Les costumes sont très soignés. J'ai vu un gracieux ballet d'actualité, où l'on préconisait l'alliance française.

Les troupes françaises continuent à débarquer, mais l'artillerie et la cavalerie arrivent bien lentement.

Les Autrichiens ont commencé leurs mouvements et semblent vouloir nous pousser à la mer en marchant sur Valenza. Peut-être aussi veulent-ils arrêter les mouvements qui se dessinent dans le haut Piémont. Cette disposition nous fait désirer une prompte action engagée par toutes nos forces.

J'ai été visiter ma brigade aujourd'hui afin de prescrire certaines mesures. J'ai été reçu dans une caserne aux cris de : « Vive notre général ! »

J'espère bien montrer, avant peu aux soldats, ce que vaut leur général, un jour de bataille.

8 mai.

On dirait que l'expérience acquise en Crimée pour tous les services administratifs est complètement oubliée. L'intendance aurait dû s'installer à Gênes au moins en même temps que les troupes; il n'en est rien, ce sont les soldats qui se débrouillent comme ils peuvent. Dès les premiers jours, me trouvant chez le général de Mac-Mahon, je le voyais décider qu'un régiment partirait sans bidons ni marmites; il n'en existait point en réserve. D'autres troupes partent sans vivres, aucune mesure n'étant encore prise pour en fournir ou laisser aux colonels le soin de s'en procurer en route dans les villages.

Un corps est mis en marche pourvu seulement de douze cartouches par homme.

Les divisions étant sans intendants, des capitaines furent désignés pour en remplir les fonctions. Aujourd'hui, je n'ai pas encore entendu dire que le plus petit intendant de la garde fût ici. C'est par ces messieurs que le mouvement aurait dû commencer. Que fait l'intendant en chef de la garde, à Paris ou ailleurs?

En attendant, nous sommes obligés de prendre des mesures qui devraient être de leur ressort. Je prescris à un de mes colonels de faire confectionner de la chaussure à Gênes, les magasins n'en ayant pas encore à nous fournir. Le manque de trésorerie est cause que nos conseils d'administration se trouvent forcés de s'adresser à la banque de la ville qui veut bien, sur le vu des feuilles de journée, donner de l'argent. Ces détails négligés causent peu d'inconvénients actuellement; mais, dans des circonstances moins favorables, elles occasionneraient des désastres. L'intendant général de la garde devait être des premiers à Gènes avec tout son personnel, puisque la garde s'y rendait. Les intendants divisionnaires devaient arriver en même temps que les corps auxquels ils appartiennent.

Les troupes autrichiennes paraissent mieux préciser leurs vues. Placées à Cambio, étendues de Frussinetto à Casal et Trino, elles tentent de passer le Pô sur un des trois derniers points. Une vigoureuse tentative a été faite sans succès à Frussinetto, une autre à Valencia; maintenant, elles semblent tâter le terrain autour de Trino, plus éloigné du lieu de concentration de l'armée piémontaise. Il est possible qu'elles arrivent là à se placer sur la rive droite du Pô; détermination ingénieuse qui peut les amener à un prompt et complet succès, mais qui offre de graves inconvénients.

Si les Autrichiens ne battent point l'armée piémontaise déjà renforcée de quelques troupes du maréchal Canrobert et du général Niel, ils n'arriveront que bien difficilement à repasser le fleuve en présence de troupes victorieuses afin d'empêcher sans doute les troupes qui sont à Novi et sur toute la ligne de se déplacer; les corps autrichiens qui ont passé le Pô à Cambio se sont d'abord portés sur Sâle, puis sur Castelmoro et Scrivia; de là, à Tortona. Sur ce point, ils ont détruit deux ponts, ce qni prouve qu'ils n'ont pas l'intention de venir à nous.

Les généraux qui commandent de ce côté ne doivent pas en être très fâchés, car ils sont dépourvus d'artillerie et ont fort peu de cartouches.

L'ennemi, qui ne s'en doute pas, après la destruction du pont du chemin de fer s'est reporté à Castelmoro di Scrivia et à Sale comme pour nous surveiller et nous contenir au besoin en cas de bataille de l'autre côté. Il veut, en effet, nous empêcher d'expédier des renforts à Alexandrie et il craint que nous ne cherchions à menacer sa ligne de retraite, en nous portant en masse vers Mortara ou Verceil. Les Autrichiens fortifient, dit-on, cette ville, qui peut leur servir de tête de pont sur la Spezzia, s'ils sont forcés à la retraite. Voilà les suppositions suggérées par les petits et rares bulletins qui nous sont communiqués.

Je cherche à connaître ce pays sur d'excellentes cartes provenant du corps d'état-major piémontais. J'ai su me les procurer lorsque d'autres ne s'en préoccupent point. Quelques-unes de nos célébrités militaires se laissent vivre, persuadées qu'elles n'ont à se préoccuper de leur troupe que sur le champ de bataille. Cette insouciance n'a pas encore de grands inconvénients; l'ennemi semble, en effet, peu résolu et nos soldats sont admirables.

En ce moment je m'occupe de tout, afin de ne pas voir mon peu de capacité mis en défaut par suite de fausses appréciations du pays, de ses ressources, du nombre et des qualités de nos adversaires, des mérites et défauts de nos alliés.

Les voltigeurs de la garde se sont mis en route hier pour rejoindre les corps d'armée Mac-Mahon et Baraguay-d'Illiers. La division Mellinet reste seule à Gênes, ce qui est fort heureux : cela permet à nos officiers de complètement s'organiser.

10 mai.

La division du général Camou est à quelques lieues de Gènes, la nôtre est dans les faubourgs. La population est pour tous de la plus grande bienveillance. J'ai fait connaissance au théâtre d'un monsieur F... qui le lendemain se mettait à ma disposition pour me faciliter mes entrées dans les palais. J'ai été l'en remercier et je me suis trouvé reçu dans une charmante famille. Deux frères mariés ainsi qu'une sœur vivent ensemble. Les femmes, sans être jeunes, sont remarquables comme grâce et comme manières charmantes. La sœur, toujours un peu maladive, a surtout une physionomie méridionale qui captive, des cheveux noirs d'une rare beauté. J'y ai vu aussi une jeune mariée de 19 ans, jolie blonde formant contraste avec le reste de la famille, et un bon mari, paraissant peu propre aux affaires, mais tout disposé à rester en admiration devant sa compagne.

Je mène aujourd'hui tous ces nouveaux amis visiter nos campements. On leur fera de la musique dans une petite salle de théâtre, transformée en caserne, et ce sera pour moi une manière de reconnaître la bienveillance qu'on me témoigne.

Hier, j'ai parcouru pendant quatre heures l'enceinte fortifiée de la ville, suant et soufflant, car il faut constamment gravir ou descendre de fortes pentes. Cette enceinte a la forme d'un immense triangle ayant pour base le rivage.

L'angle du sommet est élevé de 500 à 600 mètres au-dessus de la mer. La ville a, en outre, pour défense, des forts détachés situés sur deux groupes de montagnes. Cette place, avec la mer libre pour recevoir des vivres et des munitions, peut braver longtemps les plus grands efforts d'un ennemi cherchant à la réduire.

Il existe trois routes carrossables partant de Gênes : l'une, la Corniche, conduisant en France; l'autre, aussi au bord de la mer, menant dans l'Etat de Modène. Quatre hommes et un caporal défendraient chacune d'elles contre des forces considérables. La dernière mène à Novi; le chemin de fer la suit assez longtemps. Il existe encore une autre voie allant vers la montagne du côté de Bobio, mais elle est difficile et très accidentée. Au delà, on ne trouve plus pour parcourir cette contrée accidentée que des chemins de chèvres.

Nos ennemis ne semblent pas vouloir s'avancer au delà de Verceil, si ce n'est pour faire des réquisitions dont ils ont le plus grand besoin.

Ils continuent à faire des démonstrations sur Valenza, mais seulement pour nous empêcher de sortir de nos lignes et pour butiner. Du reste, je crois que nous ne devons à aucun prix tenter des opérations partielles. Nous ne devons paraître que pour frapper un grand coup.

13 mai.

Il est impossible que les journaux aient pu rendre compte, d'une manière aussi complète que nous l'avons vu, de la réception de l'Empereur. On ne peut exprimer l'enthousiasme général qu'ont fait éclater les Italiens, déjà si démonstratifs pour les moindres causes.

Lorsque la frégate la *Reine-Hortense* a été signalée, un coup de canon s'est fait entendre et le prince de Carignan, avec sa suite, s'est placé dans un bateau disposé pour recevoir l'Empereur.

Nous nous dirigeâmes alors vers le vaisseau escorté de mille barques montées par toutes les classes de la société. La *Reine-Hortense*, en entrant dans le port, fut saluée par une frégate anglaise et par la marine sarde. A ce moment, nous abordâmes le navire. Le général en chef de la garde et nous avons été admis près du souverain.

L'Empereur, dès que nous fûmes près de lui, nous tendit la main en demandant de nos nouvelles et de celles de nos troupes. Il descendit ensuite dans l'embarcation disposée pour lui et nous nous précipitâmes dans la nôtre afin de le suivre. A la vue du bateau royal, l'air fut rempli des cris poussés par la population, de : « Vive l'Empereur! Vive notre libérateur! » A mesure que nous avancions, au milieu d'une ligne de bâtiments de toutes grandeurs, les dames et les hommes qui s'y trouvaient en masse inondèrent, sur son passage, la mer des plus beaux bouquets. Les dames agitaient leurs mouchoirs, les hommes leurs chapeaux. Nous jouissions du spectacle le plus passionné, le plus beau qu'on puisse voir. De distance en distance, des musiques se faisaient entendre et, comme fond de tableau, on voyait les maisons, tous les points de la ville, qui est en pente comme Alger, couverts de monde, se joignant aux cris venant du port par des exclamations encore plus nombreuses et bruyantes. A peine entré dans son hôtel, les acclamations ardentes de la foule qui l'entourait forçaient Napoléon à se présenter plusieurs fois au balcon. Des réceptions commencèrent aussitôt après. Les villes italiennes ont conservé, pour ces jours d'apparat, les costumes d'autrefois.

Des messieurs, avec des défroques datant de l'époque de François Ier, étaient au bas des escaliers. Messieurs de la cour, Messieurs de la bourgeoisie semblaient également dater de plusieurs siècles. L'Empereur fut obligé de voir défiler tout ce monde, sans compter les médaillés et nous, avant de se reposer.

Le soir, il lui fallut aller au spectacle : il y avait une telle foule dans les rues que sa voiture pouvait à grand'peine avancer. Au théâtre, quoique prévenue tard, l'aristocratie s'était rendue en masse. Napoléon III fut reçu avec le même enthousiasme. Hommes et femmes criaient à en perdre la voix. J'ai été présenté ce soir-là à une comtesse P....., charmànte Française de 19 ans, fort jolie, qui a été épousée par un homme très noble, très riche, mais âgé et peu prodigue.

La jeune femme semble regretter l'air de Paris et ses plaisirs; elle a paru voir avec satisfaction ses compatriotes. Ce matin 13, nous avons reçu l'ordre de quitter Gênes; nous allons à quelques lieues en avant. Nos troupes vont coucher à Ponte-Decimo, Campo-Mozoni à Valseggio, sur la route de Gênes à Novi. La division Baraguey-d'Hilliers et la division des voltigeurs de la garde se portent en avant, nous les remplaçons.

Arguata, 16 mai.

Notre brigade a quitté Gênes le 14 pour aller coucher à trois lieues de cette ville. Le lendemain nous avons fait une étape presque aussi courte, mais par la pluie; aujourd'hui, nouvelles averses.

A peine descendu de cheval, j'ai été chez notre général en chef, qui m'apprit que la garde devait se réunir au plus vite à Alexandrie. Je viens de faire prendre le chemin de fer à mille hommes, et demain, à 6 heures du matin, je suivrai la même voie avec le reste du 3e grenadiers. Le 2e, cantonné en avant, aura sept lieues à pied à faire pour me rejoindre. De là, où irons-nous? Je n'en sais rien. Je pense que toutes nos troupes de ligne et l'armée piémontaise se portent en avant dans la direction de Mortara, et que celles qui sont sur la rive droite du Pô passeront sur la rive gauche, excepté sans doute le corps du prince, qui est, je crois, destiné à aller vers Plaisance, Parme, Modène et même Ancône; mais ce ne sont là que de simples suppositions.

Alexandrie, 19 mai.

Depuis deux jours, toute la garde est à Alexandrie, et les généraux se réunissent chaque matin à 8 heures 1/2 chez le comte Regnault de Saint-Jean-d'Angely. Notre chef est heureux de commander à un aussi beau corps et d'avoir sous ses ordres des généraux tous disposés à vigoureusement faire leur devoir et d'une énergie connue.

La garde, en raison même du rôle important qui lui est dévolu de servir de réserve suprême sur un champ de bataille, est infiniment moins exposée dans toutes les opérations préliminaires. Il y aura donc bien des combats dont nous n'aurons connaissance que par les descriptions qui en seront faites au quartier général.

Le général Mellinet est plus actif, plus jeune que jamais; il sait à la fois donner cours à sa passion de bouquiniste et à son amour du métier. Il a beaucoup perdu en se séparant de son chef d'état-major Reille, qui savait coordonner toutes les affaires de service, de manière à être utile et agréable à son chef. Reille est un homme dévoué à ses devoirs, sérieux, entendant parfaitement tout ce qui concerne ses obligations; il n'est point, à mon avis, assez favorablement apprécié. Il en sera sans doute autrement auprès de l'Empereur.

M. de Tanley, colonel, a presque toute son éducation à faire, mais il a le mérite d'être bienveillant.

Le commandant M..., bonne nature, est toujours sous le coup d'une attaque d'apoplexie.

Le général de division Camou, notre vénérable guerrier, continue à être ferme comme un roc. Manèque est jeune et actif; c'est surtout un bon officier de guerre.

Le général de brigade Decaen n'a plus ses rhumatismes : il n'y a rien de tel que les obligations de la guerre pour remettre en bonne santé de vaillants soldats. Quant à moi, je n'ai plus mes maux d'estomac et je me trouve aussi heureux que le poisson dans l'eau. Je donne des conseils à mes colonels; je mets ma vieille pratique à leur disposition. Je cause avec le soldat; je m'occupe beaucoup de mes hommes, afin qu'ils me connaissent bien au moment du danger. Mes troupes sont toutes casernées; excellente mesure, on ne doit user de la tente que devant l'ennemi. L'air est encore humide, la pluie tombe de temps à autre, les terrains riches en verdure manquent souvent de salubrité, il faut donc éviter toutes ces causes de maladie autant que possible. Je pense que la garde restera à Alexandrie jusqu'à ce qu'un mouvement général soit executé. Toutes nos ressources commencent à arriver. Du reste, les Autrichiens concentrent aussi les leurs. Un journal italien raconte que le général comte de Wimpffen arrive en Lombardie avec un corps de quarante mille hommes, et ce journal ajoute que mon cousin est très aimé de ses troupes. Je tâche de ne pas l'être moins. Le comte doit avoir avec lui ses enfants, c'est donc sur des champs de bataille que les membres d'une même famille les uns français les autres autrichiens vont se rencontrer. On parle aussi de la venue de cent pièces de position chez mes adversaires. Tant mieux ! plus il y aura de forces en ligne des deux côtés, moins longue sera la lutte. La ville d'Alexandrie est grande, elle est entourée d'une enceinte nouvelle qui en a augmenté considérablement l'étendue. C'est une belle place de guerre dont les Autrichiens avaient très logiquement exigé le démantélement. La majeure partie de notre armée est encore sur la rive droite du Pô, une fraction sur la rive gauche. Nos ennemis sont un peu partout, afin de vivre plus facilement. Le pays que nous venons de parcourir est beau malgré ses montagnes; la plaine est magnifique, surtout les environs d'Alexandrie. J'espère encore revenir sain et sauf de cette guerre-ci ; je ne pense succomber qu'à celle que nous ferons un jour aux Anglais, par mon trop d'ardeur à leur faire payer tous les maux qu'ils ont causés à notre pays.

Alexandrie, 23 mai.

La droite de notre armée a eu un petit, mais rude combat à soutenir.

La division Forey, forte à peine de cinq mille hommes, s'est trouvée en présence de douze à quinze mille Autrichiens.

Après une lutte de 1 heure à 5 heures du soir, nos ennemis ont dû se retirer en laissant entre nos mains deux cents prisonniers. Mais dans ce combat à outrance nous avons éprouvé des pertes sensibles. Le général de brigade Beuret a été tué; trois colonels blessés : MM. de Lespart, de Bellefond et mon camarade Conseil-Dumesnil.

Cinq à six cents sous-officiers, caporaux et soldats ont été tués ou blessés. Je lis à l'instant un ordre annonçant que le colonel Bellefond et le commandant Buchet ont succombé. Le canon s'est fait entendre du côté de Valenza et de Verceil, mais sans résultats sérieux. L'ennemi nous tâte pour savoir ce qu'il doit faire et ce que nous comptons entreprendre. Nous sommes toujours retenus par les vivres que nous n'avons pas en assez grande quantité ayant à parcourir des pays épuisés; notre réserve de projectiles de toutes grosseurs n'est pas non plus suffisante. Les ambulances générales aptes à recevoir nos blessés n'existent encore que sur le papier. Combien un général d'armée, qui n'est pas empereur, doit rencontrer, seulement quant aux besoins les plus indispensables, d'obstacles presque insurmontables!

Ici rien n'ose faire opposition au chef; au contraire, c'est à qui lui consacrera son intelligence et ses forces et cependant nous ne pouvons marcher. Ce matin nous devions partir pour Tortone, contre-ordre a été donné. Maintenant nous allons nous tenir prêts à nous mettre en route à la minute. Je ne crois pas que nous ayons une affaire générale avant les premiers jours du mois de juin.

24 mai.

On vient de faire courir le bruit que les Autrichiens se portaient en masse vers le Pô, par suite de la concentration des corps d'armée Baraguay-d'Hilliers, Canrobert, Mac-Mahon. Ordre à la garde de se mettre de suite en route. Une partie était déjà en chemin de fer, lorsqu'on a appris, au contraire, que l'ennemi se portait en entier sur la rive gauche ; quant à nous, les accessoires nous empêchent toujours de marcher, nous n'irons en avant que dans quelques jours.

27 mai.

Le général de division Morris est arrivé hier en très bonne santé, ainsi que le colonel Pajol et tout l'état-major. Aujourd'hui sont entrés ici les chasseurs de la garde sur leurs beaux petits chevaux arabes; demain les guides et les jours suivants, toute notre cavalerie de la garde. Le général Morris compte rester à Alexandrie jusqu'à la fin du mois et pour lui faire place ainsi que pour nous rapprocher des Piémontais, l'infanterie et l'artillerie de la garde partent pour Ocimiano sur la route de Casal, à 6 lieues d'Alexandrie. Le général en chef est en bonne santé ainsi que le général Mellinet, qui bouquinera s'il en trouve l'occasion jusque dans le feu des Autrichiens.

La chaleur commence à être excessive et je crains que nos soldats n'en souffrent un peu. Je quitte avec plaisir mon séjour actuel, parce que pour tant faire que de n'être pas chez soi, mieux vaut encore vagabonder.

Hier, les généraux de brigade ont dîné avec l'Empereur qui n'était rentré qu'à midi pour déjeuner ; par suite d'une nouvelle absence, notre dîner n'a été pris qu'à 9 heures du soir. Napoléon mène la vie la plus active qu'on puisse voir et ne paraît pas mal s'en trouver.

27 mai.

Demain nous quittons Alexandrie pour marcher sur Casal, du moins je le pense. Nous coucherons le 28 à Ocimiano ; le 29, sans doute au delà de Casal et nous, la garde, nous prendrons sans doute notre place de bataille entre une partie de notre armée et celle du roi de Sardaigne.

Les Français laissent soixante mille hommes sur la rive droite du Pô, en font passer à peu près autant sur la rive gauche.

Là, réunis aux Piémontais, nous serons plus de cent mille guerriers et nous forcerons les Autrichiens à évacuer l'Italie.

Nous aurons quelques affaires d'avant garde, mais pas de grandes batailles avant quinze jours, peut-être un mois.

Je m'occupe beaucoup de ma brigade.

Arrivé au gite, le chef est obligé de se consacrer à toutes les exigences du service; il ne s'appartient pas.

28 mai.

Nous sommes arrivés à Ocimino vers 2 heures. La trop grande quantité des troupes sur le même chemin forçait à faire trop de haltes sous un soleil de plomb. J'ai dû me fâcher plus d'une fois contre des soldats qui allaient se coucher à droite ou à gauche de la route.

Prêt à sévir, je grossis alors ma voix, j'exige de la façon la plus impérieuse que mes volontés soient exécutées, le bon homme en moi disparaît; ainsi le veut notre métier. Il faut que le soldat que nous sommes appelés à faire tuer, reconnaisse d'une façon incontestable notre autorité.

Etant resté à l'arrière-garde, je n'ai plus trouvé de logement; il m'a fallu batailler pendant une heure avant d'avoir une chambre, dans la maison où s'était parfaitement installé l'état-major de la division.

J'avais d'abord casé mes chevaux et pourvu à leurs besoins; car, sans eux, je ne serais presque rien en campagne, mais nous avons besoin d'autres jambes que les nôtres.

Demain, nous passons par Casal sans nous y arrêter, nous coucherons au delà de la rive gauche du Pô.

Bientôt sans doute, les premiers engagements auront lieu.

29 mai.

Demain 30, nous aller coucher à 2 heures 1/2 à Trino; après demain en arrière de Verceil; le 1er juin en avant de cette ville. Durant cette dernière marche, l'armée piémontaise et plusieurs de nos corps d'armée seront probablement aux prises avec les Autrichiens : combats d'avant-garde, où nos corps de réserve n'auront rien à faire.

30 mai.

Séjour à Trino, gros bourg où je suis logé chez de braves gens. Une pluie des plus abondantes tombe peu après notre installation, mais nos hommes sont sous la tente et ont du bois pour se sécher.

31 mai.

Durant cette journée et le 31, l'armée piémontaise est aux prises avec les Autrichiens. Ce matin le canon, durant notre route, se faisait entendre et partout nos soldats doublaient le pas dans l'espérance d'entrer en ligne.

Notre moment n'est pas encore arrivé, mais cela ne tardera pas. Notre marche rapide ne tend à rien moins qu'à tourner l'aile droite de l'ennemi et à l'acculer au Pô. Gare à lui si cette détermination est suivie avec succès! c'est sa perte assurée comme à Marengo.

Je ne crois pas qu'il y ait une armée plus ardente que la nôtre. La guerre d'Afrique, de Crimée et les succès qui ont eu lieu actuellement lui donnent une confiance telle qu'elle est prête à se jeter sur l'ennemi avec un entrain irrésistible.

A bientôt les grands événements, nos troupes commencent à marcher vers Novarre.

Casal, 29 mai.

Je suis arrivé ce matin à Casal. Le 3e régiment de grenadiers a la bonne fortune de rester au quartier général à Alexandrie, afin d'accompagner l'Empereur cette nuit à Verceil. Demain, la garde, moins ce régiment, couche à Trino; le 31 en arrière de Verceil et le 1er en avant de cette ville. Durant cette marche, l'armée sarde, suivie du corps du maréchal Canrobert, se concentrera à Verceil, et, le 1er juin, ces troupes iront chercher les Autrichiens de l'autre côté de la Spezzia vers Robbio. Le 1er, nous traverserons Verceil pour nous installer en avant de ses ponts.

Là s'arrêtent nos renseignements. Je pense que l'intention de l'Empereur est de pousser les Autrichiens vers le Pô et de leur faire ainsi abandonner la partie haute du pays. Trois corps d'armée ont traversé le Pô sur deux ponts et le même jour dans un ordre admirable, c'est-à-dire près de quatre-vingt mille hommes.

Le général de Mac-Mahon reste seul sur la rive droite; le maréchal Baraguey-d'Illiers nous rejoint cette nuit. Nous avons donc sur la rive gauche :

Piémontais......................	45,000
Français........................	85,000
Total.......	130,000

Je ne sais ce que nous allons faire avec autant de monde. Gare aux pauvres Autrichiens !

Verceil, 31 mai.

Je suis à Verceil. La moyenne partie de notre armée, si ce n'est tout, aura passé non seulement le Pô, mais encore la Spezzia ce soir. Les Piémontais nous ont ouvert le passage, en attaquant les villages de Palestro, Vinzaglio, Confienza, Cazalino, sur la rive gauche de cette rivière. On menace ainsi Mortava, mais c'est seulement pour y maintenir les Autrichiens, et la présence de nos troupes déjà à Borgovercelli donne à supposer que nous allons nous diriger en masse sur Novare, afin de tourner la droite de l'armée ennemie.

Si les Autrichiens ne sont pas en force pour nous disputer le passage du Tessin du côté de Galiate et de Buffarola, ils pourraient bien être rejetés sur le Pô et subir de graves désastres.

Je ne sais quel sera le rôle de la garde dans ces opérations; mais toute l'armée présente une si grande solidité, officiers et soldats sont entraînés à ce point par les petits succès obtenus, que nous pourrions bien n'avoir pas grand'chose à faire.

Des prisonniers sont amenés en ville, ainsi que deux canons ennemis. Je ne sais quelles sont les pertes autrichiennes, mais, règle générale, les troupes qui battent en retraite ont plus d'hommes mis hors de combat que celles qui les poussent. On assure que les Piémontais ont un assez grand nombre de blessés, ainsi qu'un ou deux régiments du corps Canrobert.

Un bataillon de la garde (3e grenadiers) est déjà établi à Palestro. Nos efforts semblent tendre vers Mortara, mais c'est évidemment pour maintenir l'ennemi de ce côté et, si je ne me trompe, ce n'est qu'une feinte afin de le devancer sur le Tessin et même sur l'Adda.

Je suis installé à Verceil, jolie ville non fortifiée et entourée de charmantes promenades. A part les abus des réquisitions en nature et en argent, je crois qu'on a peu de chose à reprocher aux Autrichiens. Le pays que nous venons de parcourir est on ne peut plus riche, on ne voit pas un pouce de terrain non cultivé; mais à certaines époques, près des rizières, il doit être très malsain. Le terrain est inondé pour la culture du riz.

2 juin.

Nous sommes en train d'exécuter une des plus belles manœuvres qu'on puisse concevoir. En masse sur la rive droite du Pô, nous nous sommes transportés rapidement et toujours en masse sur la rive gauche de ce fleuve, en traversant Alexandrie, Casal et nous sommes en ce moment à Novare. Les troupes marchent vers le haut Tessin et cette rivière sera passée; elle est en effet à peine gardée. Demain matin peut-être, se trouveront sur la rive gauche trois corps d'armée et la garde.

Nous pouvons être en moins de trois jours à Milan et couper ainsi l'armée autrichienne. Ou bien encore nous pouvons être en mesure de passer avec elle les rivières qu'elle comptait utiliser pour nous arrêter. La garde n'a encore donné nulle part et les grenadiers entre autres seront les derniers employés. Nous marchons toujours après les voltigeurs; on dirait que nos bonnets à poil ne nous permettent point d'aller aussi vite que les autres.

5 juin.

J'ai eu hier une rude affaire : nous avons perdu plusieurs généraux. Je n'ai eu que la joue gauche légèrement entaillée par une fusée, cela ne m'a point empêché de rester à la tête de mes troupes toute la journée. Le combat en avant du pont de Buffalora a été une vraie bataille.

5 au soir.

Je vais bien, mon égratignure à la figure n'est pas inquiétante. J'ai couché à la belle étoile, sur mon champ de bataille. Je ferai sans doute la même chose aujourd'hui; heureusement que les nuits sont superbes.

Eh bien, ce genre de vie me plaît. On ne saurait croire combien j'ai été sensible à l'intérêt que me montraient mes soldats, eux qui avaient combattu avec moi. Ils me disaient : « Quel bonheur, mon général, que vous ne soyez pas grièvement blessé ! — Souffrez-vous, mon général ? et mille autres phrases de ces braves enfants que j'avais tenus durant plus de huit heures sous une pluie de projectiles de toutes sortes. Allons, décidément, malgré ses dangers, ses misères, l'état militaire, à la guerre surtout, est le plus beau du monde.

6 juin.

Je redoutais encore ce matin que mon vaillant combat ne fût étouffé ; il n'en est heureusement rien, car le général Fleury vient de m'annoncer de la part de l'Empereur que j'étais nommé général de division. Je vais donc pouvoir commander des troupes nombreuses.

Mon avancement, cette fois-ci, comme depuis ma nomination au grade de capitaine, ne m'est accordé qu'en raison de mes services et d'un combat qui a pris les proportions d'une grosse bataille. Je viens d'acheter un cheval autrichien 200 francs dans le but d'empêcher mes domestiques d'user de mes chevaux de main.

Encore un succès comme celui-là et les Autrichiens seront bien prêts d'être chassés de l'Italie. On se révolte dans le pays et je ne doute pas qu'avant peu nos ennemis ne soient dans les conditions les plus défavorables. Les Autrichiens viennent de quitter Milan ; j'entrerai avec la garde dans cette ville où je resterai jusqu'à mon remplacement.

9 juin.

Je suis à Milan, dans un magnifique hôtel. Je vais bien, ainsi que ma smala ; mais je ne sais ce qu'elle et moi nous allons devenir.

J'ai joué un des premiers rôles à la bataille de Ponte di Magenta ou Buffarola. Je ne sais quel nom lui donnera l'Empereur. Ce rôle menaçait d'être considérablement amoindri par les intéressés, qui n'ont pas cru devoir transmettre mon rapport afin de ne pas avoir à modifier le leur, et j'étais menacé de rester encore brigadier, lorsque le sentiment public est venu me donner gain de cause. J'étais à Mangvier et je m'inquiétais des appréciations fausses émises lorsqu'on est venu me féliciter au nom de l'Empereur et me faire savoir que j'étais général de division. J'en éprouvai un grand soulagement.

Mon égratignure a presque disparu. Nous venons d'assister à un *Te Deum* qui aura du retentissement en Europe, tant a été grande la manifestation publique de la population milanaise.

Toutes les rues étaient pavoisées, la foule endimanchée portant des fleurs, des couronnes, des palmes. Les femmes surtout étaient remarquables par leur beauté et leur enthousiasme. Elles criblaient littéralement Napoléon de fleurs; elles se précipitaient vers lui en lui envoyant mille baisers. Nous étions derrière et récoltions une partie de ces marques de gratitude. Plus d'un officier et d'un soldat ont été bruyamment embrassés par de pudiques jeunes filles ayant sans doute perdu la tête. Ma jument Fanchonnette ne savait si elle devait avancer ou reculer.

Milan, 12 juin.

J'ai vu le général V..., qui est venu me féliciter de ma nomination en me disant : « Cet avancement vous était bien » dû, puisque vous avez le talent de vous trouver toujours » dans les plus rudes affaires. » Mais il maugréait contre les récentes nominations de Sol et de Decaen. Malgré son esprit religieux, il m'a paru peu disposé à la résignation. J'ai reçu de chaleureuses félicitations de Bourbaki, de plusieurs journalistes de Trochu, des témoignages de sympathie de M. de Failly, une sincère accolade de Reille, etc.

Nous quittons Milan ce soir, et il en est temps, du moins pour mon aide de camp, qui commence à s'enflammer pour une jeune femme de la maison où l'on nous donne l'hospitalité. Elle a trouvé amusant de causer, de rire avec mon jeune officier, et celui-ci commence à prendre le rôle au sérieux. Du reste, les femmes du monde sont généralement belles, gracieuses, fort séduisantes. Elles parlent presque toutes notre langue, et sont en cela plus instruites que les hommes.

Nous allons ce soir camper à Cernasco, et demain à Vaprio. Le 14 ou le 15, on traversera l'Adda, que les Autrichiens ne défendront que médiocrement. Ils battront en retraite jusque près de Peschiera, et là ou dans les environs nous livrerons bataille.

Près de Vaprio, 13 juin.

Les résultats de notre bataille continuent à se faire sentir : toute l'armée autrichienne évacue la Lombardie pour se retrancher derrière le Mincio. Il nous faudra donc aller vers notre ennemi afin de lui livrer une nouvelle bataille. Je crains bien que, d'ici cette époque, l'ordre ne me parvienne de rentrer en France, car je ne vois aucune place vacante à notre armée. Nous faisons une campagne fort agréable en ce que nous logeons partout chez des habitants qui ne savent que faire pour nous prouver leur bonne volonté. A Gênes, à Milan, je suis tombé au milieu de familles d'élite. Aujourd'hui, à Fornari, j'occupe une jolie maison de campagne. Hier, j'étais dans un immense et magnifique palais, bâti par les fameux Visconti. En vérité, on accepterait volontiers de faire la guerre ainsi de temps à autre. Nous sommes si voisins des Alpes que nous touchons presque aux montagnes. C'est un tableau superbe que ces gradins successifs dont les plus élevés sont couverts de neige, puis au bas des plaines d'une richesse incroyable, coupées en tous sens par des eaux courantes, claires et excellentes. Ce voisinage des Alpes a le léger inconvénient de nous donner des pluies d'orage, presque tous les jours au coucher du soleil.

Nous aurions déjà passé l'Adda si de nouveau le manque de vivres ne nous arrêtait. Ce n'est du reste qu'un retard peu préjudiciable. Que les Autrichiens soient vingt-cinq ou trente mille de plus sur le Mincio, cela importe peu. L'armée ennemie est actuellement divisée en deux corps principaux :

1re *armée :* Le feldzeugmeister comte Wimpffen, commandant les 1er, 2e, 9e et 10e corps;

2e *armée :* Le feldzeugmeister comte Giulay, commandant les 3e, 5e, 7e et 8e corps.

Nos adversaires devaient nous disputer l'Adda pour ensuite se retirer à Monte-Chiaro derrière la Chiese, afin de nous y livrer bataille; ils y ont renoncé. Ils préfèrent éviter des combats de détail et ils ont raison... Ils ont abandonné Bergame et Brescia, où vient d'entrer Garibaldi. Enfin ils sont pressés partout. Malheur à eux s'ils sont battus, ils pourraient bien ne plus trouver de chemins libres vers les Alpes.

Romano, 16 juin.

Nous sommes à Romano et nous coucherons ce soir à Chiari, route de Brescia. Le bruit court que je vais rentrer en France. Ce ne sera pas sans regret que je renoncerai aux émotions si enivrantes des champs de bataille... Les Autrichiens continuent à se retirer et se concentrent sur Monte-Chiari, d'autres disent sur le Mincio.

Le premier point est le lieu annuel de leurs manœuvres, de même que chez nous le camp de Châlons. Ils éprouveront là comme ailleurs une défaite certaine parce que leurs officiers et soldats, peu confiants dans leur fortune, ne donneront pas tout ce qu'on serait en droit d'en attendre. Je crois qu'ils sont appelés, malgré leurs efforts, à perdre l'Italie.

Antignate, 17 juin.

Je suis remplacé dans la garde et je viens de recevoir l'ordre de me rendre à Milan afin d'y attendre une destination. Je ne serai donc pas à la grande bataille qui aura lieu dans quelques jours. J'en suis peu satisfait, car je suis trop heureux au milieu des péripéties les plus émouvantes de faire manœuvrer et combattre à ma guise nos braves soldats. Me voici donc effectuant ma retraite seul avec mes bagages ; mon aide de camp même m'a été retiré, sans doute à sa grande satisfaction, car il désirait continuer la guerre, et il a la noble ambition d'arriver vite, en faisant bravement son devoir.

Je fais assez triste mine ; arrivé pour déjeuner à Antignate, je me mis à la table du général Morris, qui est en marche avec sa cavalerie. Je crains d'être forcé de rester là pour y dîner, tant la route et le pont sont encombrés de voitures. Mon intention est cependant d'être à Milan le 18.

L'infanterie de la garde est à Calcio et Chiari ; elle doit se porter le même jour un peu en avant. Toutes les troupes se concentrent dans la direction de Monte-Chiaro, où se trouve, assure-t-on, l'armée autrichienne. Ce point est derrière la Chiese.

Milan, 24 juin.

Je reste à Milan, parce que je crois que dans les conditions où nous sommes il ne serait pas convenable de montrer de l'impatience à réclamer soit un commandement, soit mon retour immédiat en France. Du reste, je suis heureux de prolonger ici mon séjour, pour rendre service à de pauvres officiers blessés. Aujourd'hui, j'ai été porter des consolations à Mme Conseil-Dumesnil qui est auprès d'un mari mourant. J'ai retrouvé dans la journée, soigné dans une magnifique maison, le commandant Abderhaman ben Soliman qui a reçu trois coups de feu à l'attaque de Buffalora.

Ici j'ai mon couvert mis tous les soirs chez mon propriétaire, qui a six enfants charmants dont l'aîné a 16 ans. Il y a en outre une grand'mère, un frère et deux filles. Cette société est fort agréable. On me conduit parfois chez une parente, qui reçoit tout le monde le plus distingué de la ville. Demain je vais à Monza, où était déposée la Couronne de Fer. Une comtesse russe m'a demandé de faire le voyage avec elle, mais pas en tête-à-tête. Nous ne verrons pas cette fameuse Couronne de Fer. On n'en garde qu'un fac-similé, exposé dans la chapelle de la demeure royale; les Autrichiens ont emporté la vraie couronne sous prétexte de la mettre à l'abri des spoliateurs, prétexte qui n'est plausible qu'à leurs yeux. Le château de Monza est une résidence princière fort ordinaire; le parc est assez grand, a de l'eau en abondance, mais le tout est fort négligé.

La ville de Milan, si renommée du temps de nos pères, pour les plaisirs de toutes sortes qu'ils y ont rencontrés, s'est transformée sous le joug autrichien. La population est plus sérieuse, elle se consacre entièrement à nos blessés. Presque toutes les dames de haute noblesse sont aujourd'hui en sœurs de charité et passent leur temps dans les hôpitaux. Partout on travaille à faire de la charpie, à préparer des bandes. Enfin, on ne saurait trop faire l'éloge de l'esprit charitable, hospitalier des habitants. La réponse qu'ils font habituellement à nos remerciements est celle-ci : « Nous ne pouvons » assez vous exprimer notre reconnaissance de nous avoir » délivrés d'un joug odieux. » Ces pauvres Autrichiens s'étaient bien fait détester de tout ce qui est riche, noble et intelligent.

Le général Mellinet est un excellent homme, mais je préfère cependant ne plus me trouver sous son commandement. J'aurais pu avoir une très mauvaise affaire à Magenta, par suite de son laisser-aller à accepter les vues du colonel d'A..., si la fortune, comme toujours, ne m'avait été favorable. J'espère cependant qu'il sera promu grand-croix, récompense pour laquelle il a été porté. C'est un vaillant soldat, mais qui ne sait que dire « En avant ! En avant ! » C'est là une qualité superbe qui manque à bien des officiers, mais c'est une qualité insuffisante, et parfois dangereuse. J'avoue que l'âge et les fatigues sont loin d'avoir diminué ma passion guerrière, puis il me semble que je dois encore compter sur mon heureuse étoile.

Toulon, 1er juillet.

On me presse de me rendre à bord de la flotte afin d'y prendre la direction des opérations du débarquement. Je crois, malgré le dire des journaux, que j'aurai peu de troupes sous mes ordres : trois à quatre mille marins environ ; trois à quatre mille soldats d'infanterie venus d'Afrique ; total six à sept mille combattants. Comme la marine a besoin de se distinguer à son tour, je serai forcé d'être prudent et par conséquent de ne ne point me laisser entraîner par une ardeur irréfléchie. C'est un beau rôle que je sais remplir, mais qui n'ira pas sans de graves difficultés. Le marin est brave, mais il n'entend rien aux manœuvres de terre, à la *discipline du tact des coudes*. Il ira avec vigueur sur une position; une fois repoussé il sera difficile de le rallier et peut-être d'arrêter ces paniques que nous voyons parfois chez nos propres soldats. Enfin j'aurai des précautions, des mesures à prendre suivant la nature des obstacles et l'éducation des hommes qui me sont confiés. Nous verrons si je suis capable de tout combiner de façon à arriver à un bon résultat. J'ai grande confiance en moi. M. Diaddé qui était resté à l'armée, m'arrive ce soir ou demain matin. Il a été nommé officier de la Légion d'honneur ; c'est un brave soldat et un officier intelligent et dévoué.

2 juillet.

Je pars pour Livourne en bateau à vapeur; de là à Florence en chemin de fer. Il me restera quarante-cinq lieues à franchir pour me rendre à Rimini. Partie fatigante en raison des chaleurs et qu'il me faudra exécuter promptement, car je suis attendu avec impatience. Je compte être à Rimini le 8 et m'embarquer de suite. Le 9 ou le 10 au plus tard, je compte me trouver sur le vaisseau amiral... Je n'ai pu rien tirer de sérieux du maréchal Ministre de la guerre au sujet de ma position et des troupes placées sous mes ordres. Il me conseille de m'adresser à l'Empereur. Il devait m'envoyer mes lettres de commandement, je n'ai reçu qu'une sorte d'itinéraire. Si je n'étais si jeune général de division, je réclamerais énergiquement.

Devant Venise, 9 juillet.

Aujourd'hui, 9 juillet, je suis devant Venise et tous les moyens de destruction sont autour de moi ; si nous n'avions pas été prévenus qu'il y avait entre l'Autriche et nous suspension d'armes, nous aurions déjà fait entendre le canon.

En quittant Toulon, j'ai été en trente heures à Livourne, de là, en chemin de fer, à Florence. Puis j'ai traversé les Apennins, où j'ai eu à supporter jusqu'à 40° de chaleur. Enfin, je suis arrivé à Forli, dans les Etats du pape, puis à Rimini où je me suis embarqué pour Venise, sans mes domestiques, sans mes chevaux que je n'aurai qu'à la paix, ou lorsque nous aurons pris à Venise un assez grand espace de terrain pour les promener.

Durant mon voyage en Italie, de Livourne à Rimini, j'ai constaté que mon nom y était fort connu, non pas à cause de moi, mais par suite des commandements exercés dans cette contrée par mon cousin. Au poste télégraphique de Livourne, l'employé auquel j'ai voulu dicter ce nom difficile à écrire, me répondit :

— C'est inutile, nous n'avons que trop appris à le connaître.

Dans la montagne, avant d'entrer dans les Etats du pape, invité à dîner par le maire d'une petite ville, il me raconta que douze personnes, dont un de ses cousins, y avaient été fusillées par ordre de mon parent. Il avait été même question d'appliquer cinquante coups de bâton à ce maire pour n'avoir pas pu trouver quatre chevaux que mon cousin voulait faire livrer.

Les sujets du pape, du moins ceux des Romagnes, se sont révoltés, prétendant qu'ils ne sont tranquilles, heureux qu'en temps de révolution.

— Les prêtres, disent-ils, ont tous les défauts possibles y compris ceux de la lâcheté, tandis que dans le reste de la société on trouverait des gens vigoureux, probes et sages pour gouverner.

Mon uniforme m'a fait acclamer partout. Les musiques m'attendaient à l'entrée des villes pour me précéder jusqu'à la sortie.

Maintenant, je me repose à bord du vaiseau amiral, où l'on me rend des honneurs comme je n'en recevrai peut-être plus jamais.

Si la paix n'est pas signée, je ne doute pas que nous ne venions à bout des retranchements et des forts autrichiens. Nous prendrons Venise ; malheureusement je dispose de trop peu de troupes et j'attends avec impatience au moins quatre mille hommes de renfort qui me sont indispensables pour agir promptement et vigoureusement.

11 juillet.

La guerre est suspendue jusqu'au 15 août, ce qui veut à peu près dire que nous aurons la paix.

Hélas ! la pauvre Venise ! Je vais, en attendant, me rendre compte de toutes mes forces en passant la revue des marins désignés pour le débarquement.

Devant Venise, 12 juillet.

En ce moment nous sommes au calme plat. Nous avons appris qu'il y avait suspension d'armes et que l'Empereur préparait à l'Europe quelque tour de sa façon. Nous devons attendre jusqu'au 15 août ; mais l'armée et la flotte ont une telle confiance, qu'elles continueront à cuire au soleil d'Italie sans murmurer.

Nous profitons de ce moment de répit pour compléter nos armements maritimes et visiter les côtes. Si, le 15 la diplomatie n'a pas su nous donner la paix, nous saurons obtenir de nouveau par la force ce qu'on nous aura refusé.

Les bureaux de la guerre peuvent se vanter de m'avoir envoyé une petite et bien mauvaise carte de Venise. Pour 50 centimes on doit en trouver de préférables n'importe où.

Lorsqu'on a des forts à enlever, des canaux à traverser, tout un littoral à inquiéter, l'administration ne devrait pas se contenter d'envoyer au commandant en chef des renseignements géographiques aussi ridicules et aussi insuffisants.

14 juillet.

La paix est faite.

Je ne sais encore le jour, où, avec le vaisseau amiral, nous reprendrons la direction de France, mais je pense être de retour à Paris vers la fin du mois ou vers les premiers jours d'août.

Nous avons perdu une belle occasion de porter un coup décisif à la puissance autrichienne.

Bien douloureuse a été l'impression produite sur nos marins par la nouvelle qui arrêtait la superbe flotte de l'Adriatique !

TABLE DES MATIÈRES

CRIMÉE

CHAPITRE VI

L'ASSAUT

ITALIE

MAGENTA — MILAN — VENISE

Paris et Limoges. — Imprimerie militaire Henri Charles-Lavauzelle.

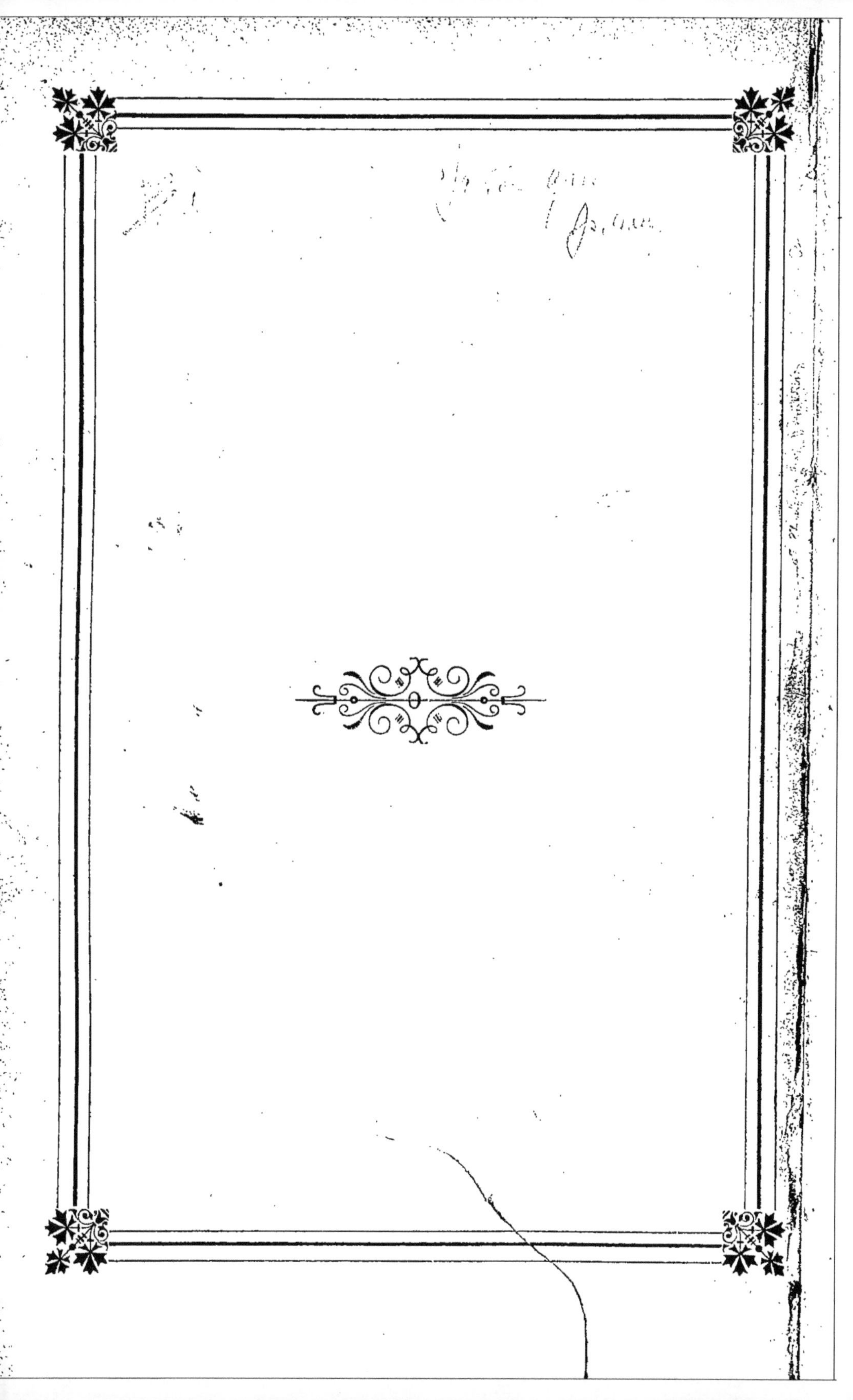

www.ingramcontent.com/pod-product-compliance
Ingram Content Group UK Ltd.
Pitfield, Milton Keynes, MK11 3LW, UK
UKHW020143220726
13923UKWH00001B/340

9 782019 132477